相手を味方につける英会話のロジック

MP3 CD-ROM

愛場吉子／アーサー・ウィン 著

はじめに

「英語は日本語と違って直接的。言いたいことをとにかく率直に伝えればいい」
「英語に敬語は無い」

なんて思っていませんか？ ビジネスや職場のグローバル化に伴い、TOEICなどの資格試験を受けたり、英文法や語彙を総復習したりする人は増え続けています。しかし残念なことに、いざ社会に出て、仕事で英語を使おうとした時、文法は正しいのに、恐ろしいほど不適切な英語表現を平然と口にしてしまう方々が少なくありません。

その原因の一端は、同じ意図を伝えようとしても英語と日本語でそもそも伝え方のロジックが違うことを知らなかったり、英語の丁寧表現の運用方法について学校で具体的な指導を受けなかったりすることにあります。世界的にも仕事のクオリティーが高いといわれる日本人だけに、これは非常にもったいないことです。ビジネスでは、コミュニケーションが周りとの信頼関係の醸成やビジネスの結果に、重大な影響を及ぼします。細かなニュアンスや意図を、適切な丁寧表現で、誤解を与えずに相手に伝える力が求められるのです。

本書の狙いは、相手や状況に応じて「言葉の丁寧さ」をコントロールし、「適切」な英語を使えるようになってもらうことです。その効果的な学習のために、ビジネスシーンで特に必要な7つの言語行為(問い合わせ、依頼、提案、断り、謝罪、苦情、反対)を取り上げ、言語行為別に章立てをしました。各言語行為の英語らしい伝え方のルールを解説し、さらに具体的なケースを使って、実戦的な学習を進めていただく工夫を凝らしています。場面に応じた適切な丁寧表現と、英語らしい伝え方のルールの組み合わせができれば、相手を確実に味方につけ、信頼関係を構築する大きな力になってくれることは間違いありません。

本書を通じて、皆さんが異文化環境においても、コミュニケーション能力を発揮し、大きな成果を挙げられることを願っています。

2015年夏　愛場吉子

目次

はじめに ……………………………………………………………… 002
本書の構成 …………………………………………………………… 008

序章　ビジネス英語の2大原則

1　コミュニケーションの鍵は「言語行為」 ……………………… 014
2　丁寧度をコントロールする「2つの指標」 …………………… 017

第1章　問い合わせ

日本人の「問い合わせ」はなぜ失敗するのか? ………………… 022
これが「問い合わせ」の構成要素だ! …………………………… 024
「問い合わせ」の成功例を見てみよう …………………………… 028
確認問題 ……………………………………………………………… 030
英語らしい「問い合わせ」を徹底分析! ………………………… 032
　Case 1: 今、何時?　　　　　　　（話題:軽　人間関係:近 A :遠 B ）
　Case 2: 売上報告書はどこ?　　　（話題:軽　人間関係:近 A :遠 B ）
　Case 3: 次のボーナスはどのぐらい?（話題:重　人間関係:近 C :遠 D ）
　Case 4: なぜ急に会社を辞めたの?　（話題:重　人間関係:近 C :遠 D ）
実戦トレーニング …………………………………………………… 040
　Case 1: 会場にはどうやって行くのが良い?
　Case 2: カフェテリアはどこ?
　Case 3: 人員削減のうわさは本当?
　Case 4: 研修にかける予算はどのくらい?
解答例 ………………………………………………………………… 044

004

第2章　依　頼

日本人の「依頼」はなぜ失敗するのか? …………………………………… 048
これが「依頼」の構成要素だ! …………………………………………… 051
「依頼」の成功例を見てみよう …………………………………………… 056
確認問題 ……………………………………………………………………… 058
英語らしい「依頼」を徹底分析! ………………………………………… 060
 Case 1: スキャナーの使い方を教えて!　　　　　（話題:軽　人間関係:近 A ：遠 B ）
 Case 2: エアコンの温度を上げてくれない?　　　（話題:軽　人間関係:近 A ：遠 B ）
 Case 3: 急だけど、代わりに会議に出てくれる?　（話題:重　人間関係:近 C ：遠 D ）
 Case 4: 売上報告書の提出期限を延ばせないかな?（話題:重　人間関係:近 C ：遠 D ）
実戦トレーニング …………………………………………………………… 068
 Case 1: 連絡先を教えてほしいんだけど
 Case 2: お休みをもらえませんか?
 Case 3: 資料作成を手伝ってもらえる?
 Case 4: 早くデータを送ってもらえますか?
解答例 ………………………………………………………………………… 072

第3章　提　案

日本人の「提案」はなぜ失敗するのか? …………………………………… 076
これが「提案」の構成要素だ! …………………………………………… 079
「提案」の成功例を見てみよう …………………………………………… 082
確認問題 ……………………………………………………………………… 084
英語らしい「提案」を徹底分析! ………………………………………… 086
 Case 1: スポーツジムに通いましょうよ!（話題:軽　人間関係:近 A ：遠 B ）
 Case 2: このアプリ、使ってみたら?　　（話題:軽　人間関係:近 A ：遠 B ）
 Case 3: 業績評価の方法を見直すべし!　（話題:重　人間関係:近 C ：遠 D ）
 Case 4: 売れ筋に注力しませんか?　　　（話題:重　人間関係:近 C ：遠 D ）
実戦トレーニング …………………………………………………………… 094
 Case 1: Ash Hotelをキックオフの会場に使うのはどう?
 Case 2: 採用情報をもう少し詳しくしては?
 Case 3: お薦めの人材がいます。面接してみませんか?
 Case 4: アジェンダを早めに共有しませんか?
解答例 ………………………………………………………………………… 098

第4章　断　り

日本人の「断り」はなぜ失敗するのか？ ……………………………………… 102
これが「断り」の構成要素だ！ ……………………………………………… 105
「断り」の成功例を見てみよう ……………………………………………… 108
確認問題 ……………………………………………………………………… 110
英語らしい「断り」を徹底分析！ …………………………………………… 112
　Case 1：せっかくのランチのお誘いだけど…　（話題：軽　人間関係：近 **A** ：遠 **B**）
　Case 2：追加の業務は受けられません！　　　（話題：軽　人間関係：近 **A** ：遠 **B**）
　Case 3：せっかくの海外赴任の打診だけど…　（話題：重　人間関係：近 **C** ：遠 **D**）
　Case 4：出張日程の都合がつかなくて…　　　（話題：重　人間関係：近 **C** ：遠 **D**）
実戦トレーニング ……………………………………………………………… 120
　Case 1：忙しくて、委員にはなれそうにありません…
　Case 2：結婚式に出席したいんだけど、出張が…
　Case 3：インターンの枠は埋まってしまったんです…
　Case 4：満足してはいますが、購読の延長ができません…
解答例 ………………………………………………………………………… 124

第5章　謝　罪

日本人の「謝罪」はなぜ失敗するのか？ ……………………………………… 128
これが「謝罪」の構成要素だ！ ……………………………………………… 131
「謝罪」の成功例を見てみよう ……………………………………………… 134
確認問題 ……………………………………………………………………… 136
英語らしい「謝罪」を徹底分析！ …………………………………………… 138
　Case 1：遅刻してごめんなさい！　　　　　　　　（話題：軽　人間関係：近 **A** ：遠 **B**）
　Case 2：会議室を間違えて予約してしまった！　（話題：軽　人間関係：近 **A** ：遠 **B**）
　Case 3：重要な会議を完全に忘れていました　（話題：重　人間関係：近 **C** ：遠 **D**）
　Case 4：配送の遅れをおわびします　　　　　　（話題：重　人間関係：近 **C** ：遠 **D**）
実戦トレーニング ……………………………………………………………… 146
　Case 1：お名前を覚えていなくてすみません
　Case 2：急いでいたので数字を入れ忘れてしまいました
　Case 3：申し訳ありませんが、注文を取り消します
　Case 4：誤って顧客データを消去してしまいました
解答例 ………………………………………………………………………… 150

第6章　苦　情

日本人の「苦情」はなぜ失敗するのか？ ……………………………… 154
これが「苦情」の構成要素だ！ ……………………………………… 157
「苦情」の成功例を見てみよう ……………………………………… 160
確認問題 ……………………………………………………………… 162
英語らしい「苦情」を徹底分析！ …………………………………… 164
　Case 1: 両面印刷にした方が良かったのに　　（話題：軽　人間関係：近 A ：遠 B ）
　Case 2: ミーティングが多過ぎるのでは？　　（話題：軽　人間関係：近 A ：遠 B ）
　Case 3: 大事な報告書のデータが間違っていました　（話題：重　人間関係：近 C ：遠 D ）
　Case 4: 新しいプリンターが納期なのに届いていません　（話題：重　人間関係：近 C ：遠 D ）
実戦トレーニング ……………………………………………………… 172
　Case 1: 騒音が気になって困っています
　Case 2: システムログインで問題が多発しています
　Case 3: どうして会議室の予約を忘れたの？
　Case 4: リリース前の製品は掲載しないでください
解答例 ………………………………………………………………… 176

第7章　反　対

日本人の「反対」はなぜ失敗するのか？ ……………………………… 180
これが「反対」の構成要素だ！ ……………………………………… 183
「反対」の成功例を見てみよう ……………………………………… 186
確認問題 ……………………………………………………………… 188
英語らしい「反対」を徹底分析！ …………………………………… 190
　Case 1: アルバイトに責任の重い業務を任せるだって？　（話題：軽　人間関係：近 A ：遠 B ）
　Case 2: ボランティア活動の時間をもっと増やす？　（話題：軽　人間関係：近 A ：遠 B ）
　Case 3: 外部コンサルに社内サーバーへのアクセスを許す？　（話題：重　人間関係：近 C ：遠 D ）
　Case 4: 新製品の広告費、その予算では厳しいです　（話題：重　人間関係：近 C ：遠 D ）
実戦トレーニング ……………………………………………………… 198
　Case 1: ランチミーティング、その店でやるのはちょっと…
　Case 2: そのデザイン、昨年のものとカブっています
　Case 3: 新システムへの切り替え、待ってください
　Case 4: ケースの素材にメタルは向いていません
解答例 ………………………………………………………………… 202
おわりに ……………………………………………………………… 206

本書の構成

ここでは、この本の基本的な流れと付属CD-ROMについて説明します。

序　章
本書の基本となる考え方をまとめています。第1章からの学習に入る前に必ず目を通しましょう。

ビジネス英語の2大原則
日本人が英語を話す時に知っておくべきこと、それは英語ということばの「言語行為」、そして、「英語の丁寧度をコントロールするための2つの指標(IRモデル)」です。この章を読むだけで、日本人の英語の弱点が何なのか分かります。

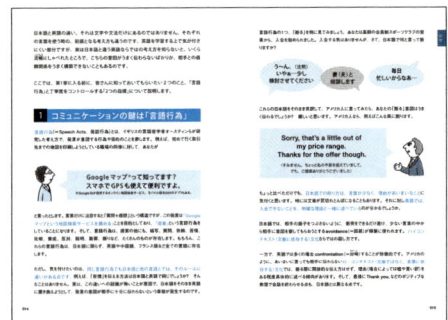

第1章～第7章
序章で取り上げたテーマを、**言語行為**別(「問い合わせ」「依頼」「提案」「断り」「謝罪」「苦情」「反対」の計7つ)に詳しく見ていきましょう。どの章も以下の①～⑦の順に展開します。第1章から読んでも、興味のある章から読んでも構いません。

① 日本人の〈言語行為〉はなぜ失敗するのか？
各章で取り上げる言語行為(「問い合わせ」など)において、日本人の英語がなぜ意図通りにうまく伝わらないのか、会話の典型的な失敗例を取り上げながら、まずはその原因を明らかにします。

② これが〈言語行為〉の構成要素だ!

英語でうまく相手に伝えるためには、言語行為それぞれにおいて満たさなければならない構成要素(「前置き」「理由」など)が存在します。英語をしゃべる際、各言語行為がどんな要素で構成されるべきなのか、またその要素を表すための文のパターンを学びます。

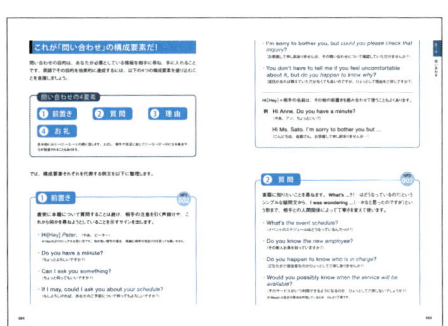

③〈言語行為〉の成功例を見てみよう

①の失敗例で取り上げた状況における、会話の模範例を1つ紹介します。その言語行為に必要な構成要素を満たす会話とはどのようなものなのかを、ここで把握してください。

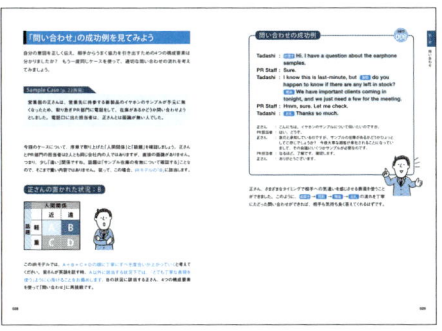

④ 確認問題

その章で学ぶ言語行為についての知識を確認するための問題です。⑤に進む前に、ここまでの内容がきちんと理解できているかをチェックしましょう。

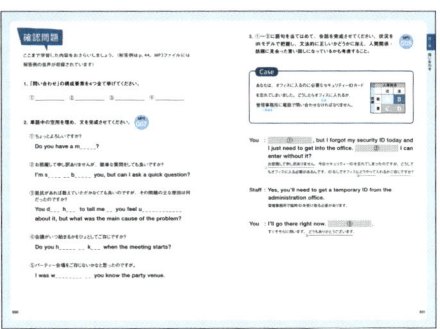

009

本書の構成

⑤ 英語らしい〈言語行為〉を徹底分析!

話題の「軽・重」、人間関係の「近・遠」で、英語の話し方がどう変わるのかを具体例を通して見ていきましょう。計8つの会話例を通して、ネイティブに真に伝わる英語とはどのようなものかをつかみ取ってください。

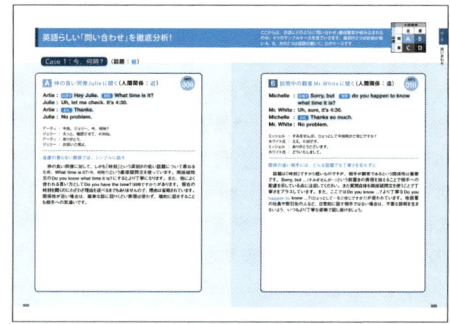

⑥ 実戦トレーニング

リアルな会話のシチュエーションを4つ用意しています。自分のセリフに当たる部分は空所になっているので、内容を実際に考え、完成させてください。またその際には、どの構成要素を盛り込むべきかを補足したアイコンや、相手のセリフを参考にしてください。

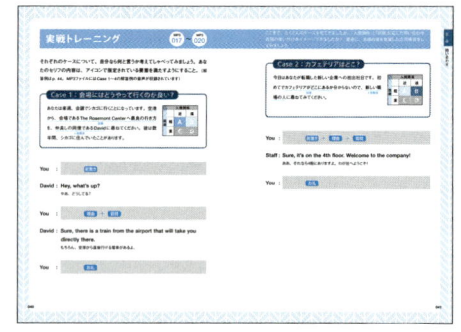

⑦ 解答例

④と⑥の解答例です。実戦トレーニングでは、唯一の正しい答えというものはありません。自分の答えた内容が、直前までの学習の成果をきちんと発揮できているかどうか確認してください。

付属 CD-ROM

本書の付属CD-ROMには、序章～第7章の英語音声が入ったMP3ファイルが収録されています。音声が用意されている部分には、マークが記されています。

MP3ファイル対応表

章	ファイル
序 章	001.mp3
第1章	002.mp3 ～ 020.mp3
第2章	021.mp3 ～ 040.mp3
第3章	041.mp3 ～ 058.mp3
第4章	059.mp3 ～ 078.mp3
第5章	079.mp3 ～ 098.mp3
第6章	099.mp3 ～ 117.mp3
第7章	118.mp3 ～ 136.mp3

※ 音楽CD専用プレーヤーでは再生できませんので、ご注意ください。
※ 音声ファイルの再生の要領については、CD-ROM内のreadme.txtをご参照ください。

序章

ビジネス英語の2大原則

ビジネスで英語を使う時、「文法的に正しければ大丈夫」と考えてはいませんか？ しかし、実際にはあなたがおろそかにすべきではないことが他にもあるのです。第1章に入る前に、本書のテーマでもある、ビジネス英語の2大原則について整理します。

日本語と英語の違い。それは文字や文法だけにあるのではありません。それぞれの言葉を使う時の、前提となる考え方も違うのです。英語を学習する上で気が付きにくい部分ですが、実は日本語と違う英語ならではの考え方を知らないと、いくら流暢にしゃべったところで、こちらの意図がうまく伝わらないばかりか、相手との信頼関係をうまく構築できないこともあるのです。

ここでは、第1章に入る前に、皆さんに知っておいてもらいたい2つのこと、「言語行為」と丁寧度をコントロールする「2つの指標」について説明します。

1　コミュニケーションの鍵は「言語行為」

言語行為(＝Speech Acts、発話行為)とは、イギリスの言語哲学者オースティンらが研究した考え方で、発言が意図する行為や目的のことを表します。例えば、初めて行く取引先までの地図を印刷しようとしている職場の同僚に対して、あなたが

Googleマップ※って知ってます？
スマホでGPSも使えて便利ですよ。

※Google社が提供するオンライン地図検索サービス。モバイル端末向けのアプリもある。

と言ったとします。言葉だけに注目すると「質問＋感想」という構造ですが、この発言は「Googleマップという地図検索サービスを薦める」ことを目的としており、「提案」という言語行為をしていることになります。そして、言語行為は、提案の他にも、描写、質問、依頼、苦情、比較、賛成、反対、説明、謝罪、断りなど、たくさんのものが存在します。もちろん、これらの言語行為は、日本語に限らず、英語や中国語、フランス語など全ての言語に存在します。

ただし、気を付けたいのは、同じ言語行為でも日本語と他の言語とでは、そのルールに違いがある点です。例えば、「苦情」を伝える方法は日本語と英語で同じでしょうか？　そんなことはありません。実は、この違いへの認識が無いことが原因で、日本語をそのまま英語に置き換えようとして、発言の意図が相手に十分に伝わらないという事態が発生するのです。

言語行為の1つ、「断る」を例に見てみましょう。あなたは高額の会員制スポーツクラブの営業から、入会を勧められました。入会する気はありませんが、さて、日本語で何と言って断りますか？

> う〜ん、(沈黙)
> いやぁ…少し
> 検討させてください

> 妻（夫）と
> 相談します

> 毎日
> 忙しいからなあ…

これらの日本語をそのまま英訳して、アメリカ人に言ってみたら、あなたの「断る」意図はうまく伝わるでしょうか？ 難しいと思います。アメリカ人なら、例えばこんな風に断ります。

> Sorry, that's a little out of
> my price range.
> Thanks for the offer though.
>
> (すみません、ちょっと私の予算を超えていまして。
> でも、ご提案ありがとうございました)

ちょっと比べただけでも、日本語での断り方は、言葉が少なく、理由があいまいなことに気付くと思います。時には文章が尻切れとんぼになることもあります。それに対し英語では、入会できないことを、明確な理由と一緒に述べているのが分かるでしょうか。

日本語では、相手の面子をつぶさないように、衝突をできるだけ避け、少ない言葉の中から相手に意図を察してもらおうとするavoidance（＝回避）が頻繁に使われます。ハイコンテキスト（文脈に依存する）文化ならではの話し方です。

一方で、英語では多くの場合confrontation（＝対峙（たいじ））することが特徴的です。アメリカのように、あいまいに言っても相手に伝わらないローコンテキスト（文脈ではなく、言葉に依存する）文化では、断る際に間接的な伝え方はせず、理由（場合によっては嘘や言い訳）をある程度具体的に述べる傾向があります。そして、最後にThank you.などのポジティブな表現で会話を終わらせる点も、日本語とは異なる点です。

このように、同じ「断り」の言語行為でも、日本語と英語によってそのルールが違うということを理解しなければなりません。もちろん、これは他の言語行為についても同じことが言えます。ビジネスのような場面で、誤解を生むこと無く相手に正しく意図を伝えるためには、英語の言語行為別の特徴を知り、英語らしい話し方をすることが、より良いコミュニケーションを生む秘訣となるのです。

本書では、言語行為の中から、特にビジネスシーンで頻繁に使われる7つの言語行為を章ごとに取り上げ、具体的な事例とともに詳しく解説していきます。

7つの言語行為

① 問い合わせ （Inquiries）
② 依　頼　　（Requests）
③ 提　案　　（Suggestions）
④ 断　り　　（Refusals）
⑤ 謝　罪　　（Apologies）
⑥ 苦　情　　（Complaints）
⑦ 反　対　　（Disagreements）

2　丁寧度をコントロールする「2つの指標」

言語行為について理解できたところで、もう1つの重要なポイントをご説明しましょう。それは、英語の丁寧表現についてです。もし「英語は自分の考えをストレートに伝える言語。へり下った言い方や丁寧表現は存在しない」という誤った認識を持っているようでしたら、まずその考えは捨ててしまいましょう。相手にはっきり意図が分かるように伝えることと、直接的で無礼な言い方をすることは全く別のことなのです。英語にも丁寧表現はあります。そして、ビジネスの場では特に、状況に応じて丁寧度をコントロールすることが重要です。では、英語ではどのように丁寧さを変えていくのでしょう？　表現を使い分ける基準として、主に2つの指標※があります。

① Imposition　　（話題の重要度）　　軽い ⇔ 重い
② Relationship　（相手との人間関係）近い ⇔ 遠い

※ Social Status（社会的地位）を別の指標としてとらえる研究もありますが、本書ではRelationshipに含めた形で紹介します。

そして、この2つの指標を組み合わせると、次のような表になります。本書では、これをIRモデルと命名します。

IRモデル

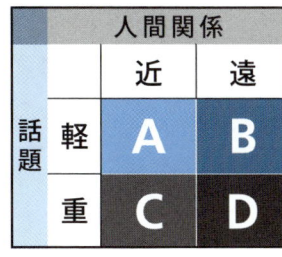

A は話題が軽く、相手との関係が　近い
B は話題が軽く、相手との関係が　遠い

C は話題が重く、相手との関係が　近い
D は話題が重く、相手との関係が　遠い

言語行為の1つ、「依頼」を例に取って見てみましょう。次のページの具体例では、同じ「依頼」であっても、AよりB、CよりDと、丁寧さの度合いが増し、使われる英語表現が異なる点に気付くと思います。

IRモデルに従った具体例

例1 翌週のスケジュールを教えてもらう（話題：軽）

・仲の良い同僚に（人間関係：近）➡ A

Can you tell me your schedule for next week?
（来週のスケジュールを教えてもらえませんか？）

・上司に（人間関係：遠）➡ B

Would it be possible to get your schedule for next week?
（来週のスケジュールをいただくことは可能でしょうか？）

例2 顧客リストの共有を依頼する（話題：重）

・他部署の友人に（人間関係：近）➡ C

Do you think you could share your clients' contact list with us?
（あなたの顧客リストを、われわれと共有してもらうことはできますか？［できると思いますか？］）

・取引先の担当者に（人間関係：遠）➡ D

I was wondering if you could possibly share your clients' contact list with us.
（御社の顧客リストを、可能なら弊社と共有いただけないかと思っていたのですが）

では、ここで簡単に、丁寧度を調整する代表的な手法や表現を整理しておきましょう。

1 助動詞can、could、will、would、may、mightなどの使用

基本的にcanよりcould、willよりwould、mayよりmightがより丁寧に聞こえます。

May I talk to you now?
(今お話ししてもよろしいですか?)

Might I ask how you heard about our service?
(弊社のサービスをどのようにお知りになったのか教えていただけますか?)

2 疑問文の使用（特に依頼時）

Pleaseを付けたとしても、命令文であることには変わりありません。相手の意向を疑問文で尋ねることによって丁寧さを出すことができます。

Please send me the file. (私にそのファイルを送ってください)

Can you send me the file? (私にそのファイルを送ってくれますか?)

3 間接疑問文の使用

Do you thinkを付けて間接疑問文にすれば、相手にNoと言える余地がさらに出てきます。依頼時などで、相手が受ける心理的な負担を軽減することができます。

Could you send me the file?
(そのファイルを送っていただけますか?)

Do you think you could send me the file?
(そのファイルを送っていただけそうですか?)

4 mind（…を気にする、嫌だと思う）の使用

Do you mind ...?(…を気にしますか?)の形で使います。Would you mind ...?とするとより丁寧です。

Do [Would] you mind turning the volume down?
(ボリュームを落としていただいてもよろしいでしょうか?[＝落とすのを気にしますか?])

5　wonder（…かなと思う）の使用

I wonder ...（…かなと思っている）の形で使います。wonderは、現在形より現在進行形、そして、それより過去進行形で使った方がさらに丁寧になります。

I wonder [I'm wondering, I was wondering] if you could send me the file?
(そのファイルを私に送っていただけないかと思っています)

6　If節（もし…）から始める

頼みにくいことをお願いする時など、if節で文を始めれば、相手への負担を軽減し丁寧度を上げることができます。

If possible, we'd like to change the meeting schedule.
(もし可能なら、会議のスケジュールを変更したいのですが)

If you don't mind, can we meet in my office?
(もしよろしければ、私のオフィスで会えませんか?)

If it's OK with you, let me complete the presentation material.
(あなたさえ良ければ、私にプレゼンテーション資料を完成させてください)

7　maybe、perhaps、a little bitなどの挿入句で和らげる

「たぶん」「ちょっとだけ」といったニュアンスの表現は、日本語と同様に、衝撃を吸収する効果があります。

Maybe [Perhaps] you should ask your boss.
(たぶん[ひょっとすると]あなたは上司に聞いた方がいいかもしれません)

Is it possible for you to turn the volume down a little bit?
(ほんの少しだけボリュームを下げていただくことは可能ですか?)

次の章からは、言語行為別に、ビジネスの場にふさわしい英語の話し方を学んでいきます。ここで紹介した2つの指標にも注目しながら学習を進めていきましょう。

第 1 章

問い合わせ

在庫の確認、商品の発着状況、企画の進捗など、ビジネスではさまざまな場面で相手に質問をし、情報を引き出す必要があります。どんな聞き方をすれば、相手が進んで協力し、自分が適切な返答をもらいやすくなるのか、考えてみましょう。

日本人の「問い合わせ」はなぜ失敗するのか？

相手に何かを聞くという行為は、ほとんどの人が意識せずに日常的に行っているはずです。しかし、あなたの「問い合わせ」は、本当にその意図通りに伝わっているのでしょうか？　自分のために時間や労力を割いて答えてくれる相手の気持ちを考えて発言しないと、簡単な問い合わせのつもりでも、相手から思わぬ怒りを買ってしまいかねません。

Sample Case

営業部の正さんは、営業先に持参する新製品のイヤホンのサンプルが手元に無くなったため、取り急ぎPR部門に電話をして、在庫があるかどうか問い合わせようとしました。電話口に出た担当者は、正さんとは面識が無い人でした。

正さん

Hi, this is Tadashi Noda from the sales department. I don't have any more earphone samples for my customers. I want some right now.

（もしもし、営業部の野田正です。私のお客様向けのサンプルイヤホンがもうありません。今すぐ、いくつかサンプルが欲しいのです）

PR部門の担当者

Hi Tadashi. Sorry, but we only have a few more samples left ourselves, and we need those for our campaign. Do you think you could ask on the other sales team?

（正さん。すみませんがこちらにももうわずかしか残っていなくて、キャンペーンに必要なんです。他の営業チームに聞いていただけないですか？）

なぜ正さんは、PR部門の担当者から断られてしまったのでしょうか。理由は大きく3つ考えられます。

問い合わせが失敗に終わった理由

① 問い合わせではなく、要求になっている ✕

相手にイヤホンサンプルの在庫があるかどうかを問い合わせているつもりが、I want some right now（今すぐ、いくつか欲しい）と要求になってしまっています。直接的な表現で自分の要望を伝えようとするのは危険です。そんなつもりが無くとも失礼に聞こえ、非協力的な姿勢を取られてしまいます。面識の無い相手に対して言うとなおさらで、あなた自身を誤解されてしまうかもしれません。

② 理由が述べられていない ✕

サンプルがどうしてすぐに必要なのか、詳しい「理由」が述べられていません。正当な理由を述べること無く、一方的に自分が必要な情報を聞き出そうとすると、相手に気持ち良く答えてもらうことが難しくなります。

③ 相手への敬意・配慮を表す丁寧な英語表現が使われていない ✕

使いこなせる英語表現の種類が少ない英語学習者によく見られる現象です。少ない語数で端的に話し過ぎると、全体的にとても横柄で失礼に聞こえます。

「失礼な人だ」と思われて、協力を得られない状況に陥らないためには、正さんはどのように話を切り出せば良かったのでしょうか。スムーズな「問い合わせ」に必要な要素を確認してみましょう。

これが「問い合わせ」の構成要素だ!

問い合わせの目的は、あなたが必要としている情報を相手に尋ね、手に入れることです。英語でその目的を効果的に達成するには、以下の4つの構成要素を盛り込むことを意識しましょう。

問い合わせの4要素

① 前置き　　**② 質問**　　**③ 理由**

④ お礼

基本的には①→②→③→④の順に話します。ただし、相手や状況に応じて①→③→②→④になる場合や、③が割愛されることもあります。

では、構成要素それぞれを代表する例文を以下に整理します。

① 前置き

MP3 002

唐突に本題について質問することは避け、相手の注意を引く声掛けや、これから何かを尋ねようとしていることを示すサインを出します。

- **Hi[Hey]** *Peter*.（やあ、ピーター）
  ※Heyはよりカジュアルな言い方です。仲が良い相手の場合、単純に相手の名前だけを言っても構いません。

- **Do you have a minute?**
  （ちょっとよろしいですか?）

- **Can I ask you something?**
  （ちょっと伺ってもいいですか?）

- **If I may, could I ask you about** *your schedule*?
  （もしよろしければ、あなたのご予定について伺ってもよろしいですか?）

- I'm sorry to bother you, but *could you please check that inquiry*?
  (お邪魔して申し訳ありませんが、その問い合わせについて確認していただけませんか?)

- You don't have to tell me if you feel uncomfortable about it, but *do you happen to know why*?
  (抵抗があれば教えていただかなくても良いのですが、ひょっとして理由をご存じですか?)

Hi[Hey]＋相手の名前は、その他の前置きを組み合わせて使うこともよくあります。

例　Hi Anne. Do you have a minute?
　　（やあ、アン。ちょっといい?）

　　Hi Ms. Sato. I'm sorry to bother you but ...
　　（こんにちは、佐藤さん。お邪魔して申し訳ありませんが…）

② 質問

実際に知りたいことを尋ねます。**What's ...?**（…はどうなっているの?）というシンプルな疑問文から、**I was wondering ...**（…かなと思ったのですが）という形まで、相手との人間関係によって丁寧さを変えて使います。

- **What's** *the event schedule*?
  （イベントのスケジュールはどうなっているんだっけ?）

- **Do you know** *the new employee*?
  （その新入社員を知っていますか?）

- **Do you happen to know** *who is in charge*?
  （どなたがご担当者なのかひょっとしてご存じありませんか?）

- **Would you possibly know** *when the service will be available*?
  （そのサービスがいつ利用できるようになるのか、ひょっとしてご存じないでしょうか?）
  ※ Would は仮定の意味を内包しているため、Doより丁寧です。

- I was just wondering if you know *how long the training program takes*.
（その研修がどれくらいの長さなのかをご存じないかなと思ったのですが）

これらの表現は、上から下に行くにつれてより間接的で丁寧になっています。また一般的に、直接疑問文よりも間接疑問文を使う方が、より丁寧に聞こえます。

例　When is the report due?
　　（報告書の締め切りはいつですか？）

　　Do you know when the report is due?
　　（報告書の締め切りがいつか知っていますか？）

❸ 理由

MP3 004

理由が明らかな場合や、ごく簡単な質問にはわざわざ理由を言わないこともあります。ただし、話題が重たい場合は、相手からより気持ち良く情報を提供してもらえるように、問い合わせをしている理由を述べましょう。

- I'm asking you this because *I think some good may come of it*.
（あなたにこれをお尋ねするのは、それが良い結果につながるかもしれないと思うからです）

- I need to know this because *we have to solve the issue as soon as possible*.
（私はこれを知る必要があります、というのは、できるだけ早くその問題を解決しなければならないからです）

- I'd like to know this because *it may affect our budget*.
（私はこれを知りたいと思っています、というのは、それが予算に影響を及ぼすかもしれないからです）

理由を付けなくても良いのは以下のような場合です。

例　Hey Jack. What's the name of your new assistant?
（ねえ、ジャック。君の新しいアシスタントの名前なんていうの?）

個人情報など、一歩踏み込んだ情報を得たい場合には理由を付けた方が良いでしょう。

例　Hi Lauren. Do you happen to know the telephone number of the PR agent? I need to contact her ASAP.
（やあ、ローレン。あの広告エージェントの電話番号をひょっとして知らない?　至急連絡を取る必要があって）

なお、理由を述べる際、必ずしもbecauseを使った表現にする必要はありません。

例　Do you know Mr. Kato's schedule tomorrow afternoon? I want to set up a meeting with him to discuss the proposal.
（明日の午後の加藤さんのスケジュールを知っていますか?　例の提案について話し合うために、彼との打ち合わせを設定したくて）

❹ お礼

シンプルな表現で、答えてくれた相手にお礼の気持ちを伝えます。一方的に自分の目的を達したことで終わりにせず、相手を思いやる気持ちを見せることで、良好な関係を築くことができます。

- Thanks [a lot].　（[どうも]ありがとうございます）
- Thank you.　（ありがとうございます）
- Thank you very[so] much.　（どうもありがとうございます）
- I appreciate it.　（感謝します）

　構成要素それぞれの例文音声を聞きましょう。その後、スムーズに言えるようになるまで、声に出して読んでください。

「問い合わせ」の成功例を見てみよう

自分の意図を正しく伝え、相手からうまく協力を引き出すための4つの構成要素は分かりましたか？ もう一度同じケースを使って、適切な問い合わせの流れを考えてみましょう。

Sample Case (p. 22再掲)

営業部の正さんは、営業先に持参する新製品のイヤホンのサンプルが手元に無くなったため、取り急ぎPR部門に電話をして、在庫があるかどうか問い合わせようとしました。電話口に出た担当者は、正さんとは面識が無い人でした。

今回のケースについて、序章で取り上げた「人間関係」と「話題」を確認しましょう。正さんとPR部門の担当者は2人とも同じ会社内の人ではありますが、直接の面識がありません。つまり、少し「遠い」関係ですね。話題は「サンプル在庫の有無について確認する」ことなので、そこまで重い内容ではありません。従って、この場合、IRモデルの「B」に該当します。

正さんの置かれた状況：B

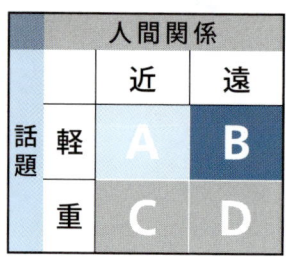

このIRモデルでは、A ▶ B ▶ C ▶ Dの順に丁寧にすべき度合いが上がっていくと考えてください。皆さんが英語を話す時、A以外に該当する状況下では、「とても丁寧な表現を使う」ように心掛けることをお薦めします。Bの状況に該当する正さん、4つの構成要素を使って「問い合わせ」に再挑戦です。

問い合わせの成功例

Tadashi : [前置き] Hi. I have a question about the earphone samples.
PR Staff : Sure.
Tadashi : I know this is last-minute, but [質問] do you happen to know if there are any left in stock? [理由] We have important clients coming in tonight, and we just need a few for the meeting.
PR Staff : Hmm, sure. Let me check.
Tadashi : [お礼] Thanks so much.

正さん　　：こんにちは。イヤホンのサンプルについて伺いたいのですが。
PR担当者：はい、どうぞ。
正さん　　：急だと承知しているのですが、サンプルの在庫があるかどうかひょっとしてご存じでしょうか？ 今夜大事な顧客が来社されることになっていまして、その会議にいくつかサンプルが必要なのです。
PR担当者：なるほど、了解です。確認します。
正さん　　：ありがとうございます。

正さん、さまざまなタイミングで相手への気遣いを感じさせる表現を使うことができました。このように、[前置き]→[質問]→[理由]→[お礼]の流れを丁寧にたどった問い合わせができれば、相手も気持ち良く答えてくれるはずです。

確認問題

ここまで学習した内容をおさらいしましょう。（解答例はp. 44。MP3ファイルには解答例の音声が収録されています）

1. 「問い合わせ」の構成要素を4つ全て挙げてください。

   ① _____ ② _____ ③ _____ ④ _____

2. 単語中の空所を埋め、文を完成させてください。 MP3 007

   ① ちょっとよろしいですか？

   Do you have a m_____?

   ② お邪魔して申し訳ありませんが、簡単な質問をしても良いですか？

   I'm s____ __ b_____ you, but can I ask a quick question?

   ③ 抵抗があれば教えていただかなくても良いのですが、その問題の主な原因は何だったのですか？

   You d___ h___ to tell me __ you feel u_____ about it, but what was the main cause of the problem?

   ④ 会議がいつ始まるかをひょとしてご存じですか？

   Do you h_____ __ k___ when the meeting starts?

   ⑤ パーティー会場をご存じないかなと思ったのですが。

   I was w_____ __ you know the party venue.

030

3. ①〜③に語句を当てはめて、会話を完成させてください。状況を
IRモデルで把握し、文法的に正しいかどうかに加え、人間関係・
話題に見合った言い回しになっているかも考慮すること。

Case

あなたは、オフィスに入るのに必要なセキュリティーIDカード
を忘れてしまいました。どうしたらオフィスに入れるか、
管理事務所に電話で問い合わせなければなりません。

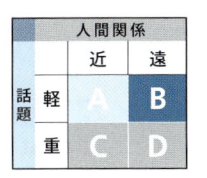

You ： ___①___ , but I forgot my security ID today and I just need to get into the office. ___②___ I can enter without it?

お邪魔して申し訳ありません、今日セキュリティーIDを忘れてしまったのですが、どうしてもオフィスに入る必要があるんです。IDなしでオフィスにどうやって入れるかご存じですか？

Staff ： Yes, you'll need to get a temporary ID from the administration office.

管理事務所で臨時IDを受け取る必要があります。

You ： I'll go there right now. ___③___ .

すぐそちらに伺います。どうもありがとうございます。

英語らしい「問い合わせ」を徹底分析！

Case 1：今、何時？　（話題：軽）

A 仲の良い同僚Julieに聞く（人間関係：近）

Artie : 前置き Hey Julie. 質問 What time is it?
Julie : Uh, let me check. It's 4:30.
Artie : お礼 Thanks.
Julie : No problem.

アーティ　：やあ、ジュリー。今、何時？
ジュリー　：えっと、確認させて。4:30ね。
アーティ　：ありがとう。
ジュリー　：お安いご用よ。

遠慮の要らない関係では、シンプルに話す

　仲の良い同僚に対して、しかも「時刻」という深刻さの低い話題について尋ねるため、What time is it?（今、何時？）という直接疑問文を使っています。間接疑問文のDo you know what time it is?にするとより丁寧になります。また、他によく使われる言い方としてDo you have the time?（何時ですか？）があります。現在の時刻を聞くのにわざわざ理由を述べるまでもありませんので、理由は省略されています。関係性が近い場合は、簡単な話に回りくどい表現は使わず、端的に話をすることも相手への気遣いです。

ここからは、会話にどのように「問い合わせ」構成要素が組み込まれるのか、4つのサンプルケースを見ていきます。最初の2つは話題が軽いA、B、次の2つは話題の重いC、Dのケースです。

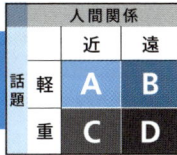

B 訪問中の顧客 Mr.White に聞く（人間関係：遠）

Michelle ： 前置き Sorry, but 質問 do you happen to know what time it is?
Mr. White ： Uh, sure, it's 4:30.
Michelle ： お礼 Thanks so much.
Mr. White ： No problem.

ミッシェル ： すみませんが、ひょっとして今何時かご存じですか？
ホワイト氏 ： ええ、4:30です。
ミッシェル ： ありがとうございます。
ホワイト氏 ： どういたしまして。

関係の遠い相手には、どんな話題でも丁寧さを忘れずに

話題は「時刻」ですから軽いものですが、相手が顧客であるという関係性は重要です。Sorry, but ...（すみませんが…）という前置きの表現を加えることで相手への配慮を示している点に注目してください。また質問自体も間接疑問文を使うことで丁寧さをプラスしています。また、ここではDo you know ...?より丁寧なDo you happen to know ...?（ひょっとして…をご存じですか？）が使われています。他部署の社員や取引先の人など、日常的に話す相手ではない場合は、不要な誤解を生まないよう、いつもより丁寧な姿勢で話し掛けましょう。

Case 2：売上報告書はどこ？　（話題：軽）

A 部下Johnに聞く（人間関係：近）

Anne : 前置き Hey John. 質問 Do you know where the latest sales report is?
John : Yeah, it's in the sales department folder on the company server.
Anne : Cool, 質問 do you know where I can find the link to it?
John : I think we were emailed that information last month, but I'll send it to you now anyway.
Anne : OK, お礼 thanks.

アン　　：ねえ、ジョン。最新の売上報告書がどこにあるか知ってる？
ジョン　：ええ、社内サーバー上の、営業部のフォルダーの中にありますよ。
アン　　：良かった、そこへのリンクをどこで探したら良いか知ってる？
ジョン　：先月その情報をメールでもらっていたと思うのですが。とりあえず今、リンク先を送りますね。
アン　　：分かったわ、ありがとう。

部下や同僚との距離感に見合った会話

　部下に対してファイルの場所を聞いており、丁寧さをあまり意識しないシナリオです。Case 1の A と同様に、Hey＋相手の名前というカジュアルな前置きで始まり、問い合わせの理由を省いているのが特徴です。部下や同僚に対しては、こういった距離感が普通と覚えておきましょう。
　丁寧さとフォーマルさを多少加えることを意図し、間接疑問文で問いかけていますが、このような状況ならばWhere is the latest sales report?と直接疑問文で聞いても問題ありません。

B 上司 Mr. Alba に聞く（人間関係：遠）

Anne : 前置き I'm sorry to bother you, but 質問 do you happen to know where the latest sales report is?
Mr. Alba : Actually, I don't know, but I'm sure Kevin knows.
Anne : Oh, really? All right, I'll give him a quick call now.
Mr. Alba : Yeah, but I think he is out of the office today, so you should probably send him an email instead.
Anne : OK, I'll do that now then. お礼 Thank you.

アン : お邪魔してすみませんが、最新の売上報告書がどこにあるかひょっとしてご存じでしょうか？
アルバ氏 : 実は知らないんだ。でもケビンが知ってると思うよ。
アン : あら、本当ですか？ 分かりました、彼に今すぐ電話してみます。
アルバ氏 : そうだね、でも彼は今日外出中だと思うなあ。代わりにメールをしておくと良いかもしれないね。
アン : 分かりました、ではそうします。ありがとうございます。

上司には礼を欠かないよう、丁寧さを常に意識

　簡単な質問であっても上司に尋ねる状況では、I'm sorry to bother you, but …（お邪魔してすみませんが…）と丁寧な前置きを挟むのが良いでしょう。また、質問表現は、Case 1 の B と同様に Do you happen to know ...?（…をひょっとしてご存じでしょうか？）としています。happen to（ひょっとして）は、丁寧さを加えることができる便利な表現です。今回はそれほど重い話題ではないため、問い合わせる「理由」は割愛しています。

Case 3：次のボーナスはどのぐらい？　（話題：重）

C 仲良しの同僚Jodyに聞く（人間関係：近）　MP3 013

Artie： [前置き] Hey Jody. Can I ask you something?
Jody： Sure, what's up?
Artie： [質問] Do you happen to know how much our next bonus will be? I just wanted to know [理由] because I was thinking about buying new furniture for my house and maybe buying a new piano for my daughter's birthday.
Jody： I'm not sure about the exact figure, but according to some people in HR, it's going to be more than nine grand.
Artie： OK, [お礼] thanks a lot!

grand 1000ドル（＝thousand dollars）

アーティ： やあ、ジョディ。ちょっと聞いてもいい？
ジョディ： いいわよ、どうしたの？
アーティ： 次のボーナスがどのくらいになるか、ひょっとして知らない？ 家に新しい家具と、娘の誕生日に新しいピアノを買おうと思っていて、知りたかったんだけど。
ジョディ： 正確な額は分からないけれど、人事部の人の話だと、9000ドルを超えるって聞いたわ。
アーティ： そっか、ありがとう！

繊細な話題は誰と話す時でも注意が必要

　給与やボーナスの金額といった情報は、非常に繊細な話題であるため、英語圏でも多くの人が気を付けて話します。Case 1、2と比べて、同じように同僚を相手にしていても、会話の表現が長くなっていることに注目してください。
　重い話題に触れる場合、英語ではとても慎重に言葉を選び、文章も全体的に長くなる傾向があります。前置きから少し工夫をしていることに気付きましたか。今回は親しい間柄であっても、Hey Jody.と名前を呼んだ後に、Can I ask you something?（ちょっと聞いてもいい？）を加えています。質問もDo you happen to know ...?（ひょっとして…を知ってる？）と間接的です。また、問い合わせの3つ目の構成要素である「理由」もしっかり述べることで、「聞きづらいけれど聞かねばならないのだ」というニュアンスを出しています。このケースでは仲の良い同僚との会話なので、個人的な理由を具体的に伝えることで状況を理解してもらいやすくしています。

D 人事部長Keiraに聞く（人間関係：遠）

MP3 014

Artie : Hello Keira. Umm, 前置き you don't have to tell me if this will get you in trouble, but 質問 do you happen to know how much our next bonus will be?

Keira : I'm sorry but that's confidential until the announcement in the next few weeks.

Artie : OK, I understand. 理由 I was just planning to make a couple of big purchases, but I guess I can wait a little longer then. お礼 Thank you.

アーティ ： こんにちは、キーラさん。あの、もし問題があれば教えていただかなくても結構なのですが、ひょっとして次のボーナスがどのくらいになるかご存じではないでしょうか？
キーラ ： 申し訳ないのですが、数週間後の発表までは機密なんです。
アーティ ： はい、分かりました。大きな出費を計画していたものですから。でももう少し待てると思います。ありがとうございます。

「繊細な話題×関係の遠い人」という状況では最大限の注意を

　話題はCと同じボーナスの金額ですが、今度は相手が仲良しの同僚ではなく人事部長です。繊細なトピックかつ関係性が遠い相手への問い合わせであるため、Cに比べても、表現がさらに慎重になっているのに気付くでしょう。You don't have to tell me if this will get you in trouble, ...（もし問題があれば教えていただかなくても結構なのですが…）というのは、かなり丁寧な前置きです。このような問い合わせの場合、もちろん理由も述べる必要があります。

　ただし、同僚と比べて人間関係はそこまで近くないため、ここでは買い物の予定を具体的に伝えていません。I was just planning to make a couple of big purchases（大きな出費を予定していまして）という婉曲的な表現にとどめている点は、相手への配慮だと言えるでしょう。

Case 4：なぜ急に会社を辞めたの？　（話題：重）

C 仲良しの同僚Connorに聞く（人間関係：近）　MP3 015

Anne　　：[前置き] Hi Connor. [質問] Do you happen to know why Tom suddenly quit his job?
Connor：I heard he got a better offer at Yaan Bank.
Anne　　：Oh, I'm really happy for him, but [理由] we were supposed to work on the next deal together.
Connor：Oh, sorry to hear that, but I'm sure they'll get someone to take his place.
Anne　　：[お礼] Thanks. I hope so. I don't think I can finish it by myself.

アン　　：ねえ、コナー。なぜトムが急に仕事を辞めたのか、ひょっとして知ってる？
コナー　：Yaan銀行から条件の良いオファーがあったって聞いたよ。
アン　　：あら、それは本当に良かったわね。でも次の案件、私は彼と一緒に担当することになっていたんだけど。
コナー　：あ、それは残念だね。でもきっと誰かを彼の代わりにつけてくれるよ。
アン　　：ありがとう。そうだといいけど。あれを私だけで終わらせられるとは思わないわ。

第三者が関わる話題はデリケートに

　同じ組織や取引先の知り合いの離職や異動など、人事に関わることは繊細なトピックの1つです。外資系の企業では伝統的な日本企業と比べると解雇や転職も多く、このような話題に触れる機会に遭遇することも多々あるかもしれません。第三者に話題が及ぶ際には、言葉には気を付けたいものです。よって、親しい同僚に対しても直接的な質問をする代わりに、Do you happen to know ... を使って伺いを立てるようなニュアンスを出しています。
　また「なぜそのような質問を？」と感じる相手に、「次の案件を一緒にやることになっていた」という理由をしっかり述べていますが、こうすることで、単なる好奇心と勘違いされること無く、質問を正当に受け取ってもらうことができます。

D　人事部長Eugeneに聞く（人間関係：遠）

MP3 016

Anne : 前置き Hi Eugene. Do you have a minute?
Eugene : Sure thing.
Anne : 前置き You don't have to tell me if you are not allowed, but 質問 would you possibly know why Tom in Finance suddenly left the company?
Eugene : I can't go into detail, but it was for a personal reason.
Anne : OK, I was just asking 理由 because we were supposed to work on the next deal together.
Eugene : Oh, sorry to hear that.
Anne : That's OK. お礼 Thanks.

アン　　　：こんにちは、ユージーンさん。ちょっとよろしいですか？
ユージーン：もちろん。
アン　　　：話すことが許されていなければ教えていただかなくても構わないのですが、財務部のトムがなぜ急に会社を辞めたのかひょっとしてご存じないでしょうか？
ユージーン：あまり詳しくは言えないけれど、個人的な理由からです。
アン　　　：そうですか。私たちは次の案件を一緒にやることになっていたもので、お伺いしたんです。
ユージーン：ああ、それは残念ですね。
アン　　　：いいんです。ありがとうございます。

少し「くどい」程度の丁寧さで慎重に問い合わせる

　第三者の離職理由という非常に繊細な話題を、関係性の遠い人事部長に尋ねるという今回のケース、同じ話題を同僚に尋ねた C と比べても、さらに表現が長くなっています。前置き表現はダブルで使われており、より慎重な姿勢が分かりますね。質問の形も would you possibly know と仮定のニュアンスを足すことでさらに丁寧度を上げています。 D では、少し「くどい」とも取れる配慮を見せることが大切です。質問した理由も当然述べる必要があると考えましょう。

実戦トレーニング　MP3 017〜MP3 020

それぞれのケースについて、自分なら何と言うか考えてしゃべってみましょう。あなたのセリフの内容は、アイコンで指定されている要素を満たすようにすること。（解答例はp. 44。MP3ファイルにはCase 1〜4の解答例の音声が収録されています）

Case 1：会場にはどうやって行くのが良い？

あなたは来週、会議でシカゴに行くことになっています。空港から、会場であるThe Rosemont Centerへ最良の行き方を、仲良しの同僚であるDavidに尋ねてください。彼は数年間、シカゴに住んでいたことがあります。

・空港〜 → 話題
・The Rosemont Center → 話題
・David → 人間関係

	人間関係	
	近	遠
話題 軽	A	B
話題 重	C	D

You ： [前置き]

David : Hey, what's up?
　　　　やあ、どうしてる？

You ： [理由] ＋ [質問]

David : Sure, there is a train from the airport that will take you directly there.
　　　　もちろん。空港から直接行ける電車があるよ。

You ： [お礼]

040

ここまで、たくさんのケースを見てきましたが、「人間関係」と「話題」に応じた問い合わせ表現の使い分けをイメージできましたか？ 最後に、実践の場を意識した応用練習をしてみましょう。

Case 2：カフェテリアはどこ？

今日はあなたが転職した新しい企業への初出社日です。初めてでカフェテリアがどこにあるか分からないので、新しい職場の人に尋ねてみてください。

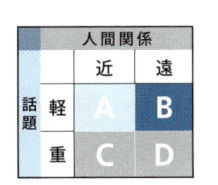

	人間関係	
話題	近	遠
軽	A	**B**
重	C	D

You ： 前置き ＋ 理由 ＋ 質問

Staff : Sure, it's on the 4th floor. Welcome to the company!
ああ、それなら4階にありますよ。わが社へようこそ!

You ： お礼

実戦トレーニング

Case 3：人員削減のうわさは本当？

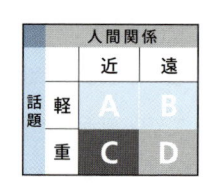

あなたは、自分が勤める会社が人員削減を計画しているといううわさを聞きました。妻が二人目の子供を妊娠していることもあり、気掛かりです。仲の良い同僚Robに真相について尋ねてください。

	人間関係	
	近	遠
話題 軽	A	B
重	C	D

You ： 前置き ＋ 質問

Rosa： I heard that rumor, too. Actually, we were planning to merge with another bank, but we failed to come to an agreement.

　　　私もそのうわさを聞いたわ。実際は、他の銀行との合併を計画していたんだけど、合意には至らなかったらしいわね。

You ： 理由 ＋ お礼

Case 4：研修にかける予算はどのくらい？

あなたは、人材開発研修会社の営業です。あなたの会社では、参加人数や期間に応じた3タイプの研修を用意しています。見込み客であるB社の担当者Mr. Keysとの初めてのミーティングで、リーダーシップ研修にどのくらいの予算を考えているか聞き出したいと思います。

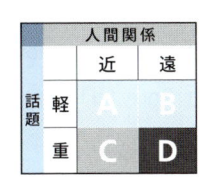

下線部：人間関係／話題

	人間関係	
	近	遠
話題 軽	A	B
話題 重	C	D

You ： 前置き ＋ 質問 ＋ 理由

Mr. Keys ： Well, we're currently thinking of roughly two million yen for 40 new managers.
ええと、今のところ40人の新マネジャー向けに200万円くらいを考えております。

You ： お礼

043

解答例

確認問題 (p. 30)

1. ① 前置き　② 質問　③ 理由　④ お礼
2. ① minute　② sorry to bother　③ don't have、if、uncomfortable
　④ happen to know　⑤ wondering if
3. ① Sorry to bother you　② Do you know how　③ Thank you very much.

実戦トレーニング (p. 40)

Case 1

You　　　: [前置き] Hey David.
David　 : Hey, what's up?
You　　　: [理由] I remember you mentioned that you lived in Chicago for a few years. I'll be attending a conference there next week. [質問] Do you happen to know the best way to get to the Rosemont Center from the airport?
David　 : Sure, there is a train from the airport that will take you directly there.
You　　　: Cool, [お礼] thanks!

あなた　　　：ねえ、デーヴィッド。
デーヴィッド：やあ、どうしてる？
あなた　　　：あなたがシカゴに数年住んだことがあるって言っていたのを思い出して。来週シカゴで会議に参加するんだけど、空港からローズモントセンターへの一番良い行き方を知らないかな？
デーヴィッド：もちろん。空港から直接行ける電車があるよ。
あなた　　　：いいわね。ありがとう！

［解説］軽い話題ですが、急に切り出すと唐突かもしれません。また、いきなり質問するよりも、問いかける相手としてふさわしいと思った理由を述べてからにすると、会話がスムーズです。

Case 2

You : Hello, [前置き] sorry to bother you, but [理由] this is my first day, and [質問] I was just wondering where the cafeteria is.

Staff : Sure, it's on the 4th floor. Welcome to the company!
You : [お礼] Thanks!

あなた ： こんにちは、お邪魔してすみませんが、僕、今日が初出社日なのです。カフェテリアの場所がどこかご存じかなと思いまして。
社員 ： ああ、それなら4階にありますよ。わが社へようこそ！
あなた ： ありがとうございます！

[解説] 話題が軽いので、わざわざ理由を言うまでもありませんが、this is my first dayと先に告げることで相手の不信感を取り除き、質問をしやすくしています。

Case 3　MP3 019

You : [前置き] Hey Rosa. I heard a rumor about this company possibly downsizing itself. [質問] Do you happen to know if that's true?
Rosa : I heard that rumor, too. Actually, we were planning to merge with another bank, but we failed to come to an agreement.
You : Oh, I'm glad to hear that, [理由] because my wife and I are expecting another child and I was a bit worried about it. [お礼] Thanks.

あなた ： やあ、ローザ。うちの会社が人員削減してるってうわさを聞いたんだけど。それって本当かひょっとして知ってる？
ローザ ： 私もそのうわさを聞いたわ。実際は、他の銀行との合併を計画していたんだけど、合意には至らなかったらしいわね。
あなた ： ああ、それを聞いて良かった。なぜって、妻がまた妊娠したから、ちょっと心配だったんだ。ありがとう。

[解説] 話題が重いので、仲の良い相手に対してでも慎重な言葉選びをしましょう。相手が知っているかどうかも分からないような状況で尋ねる時は、Do you happen to know ...?と自然に口から表現が出てくるようになりたいですね。

Case 4　MP3 020

You : [前置き] If I may, could I ask you a bit about your budget? [質問] Do you know how much you would like to spend on the leadership training program for next year? [理由] We actually have three different types of programs depending on the number of attendees and the training period.
Mr. Keys : Well, we're currently thinking of roughly two million yen for 40 new

解答例

	managers.
You	: OK, great. 〈お礼〉 Thank you. Then, we'd like to propose ...
あなた	: 差し支えなければ、ご予算について少しお伺いしてもよろしいですか？ 来年度のリーダーシップ教育研修にどのくらいかけるか、ご存じでいらっしゃいますか？ 実を申しますと、ご参加人数や期間に応じて3つのタイプの研修をご準備しておりまして。
キーズ氏	: ええと、今のところ40人の新マネジャー向けに200万円くらいを考えております。
あなた	: なるほど、それは素晴らしい。ありがとうございます。では、われわれがご提案させていただきたいのは…

［解説］予算や費用に関わることを尋ねる際も、言葉選びは慎重にするのが良いでしょう。初めて取引をする相手の場合はなおさらです。前置きにif I may（差し支えなければ、よろしければ）を付けることができると丁寧さが伝わります。how much you want to spendも、wouldを使ってhow much you would like to spendと表現すると、相手への敬意が伝わります。

第2章

依頼

会社など組織の中で働くには、1人の力だけで解決できることばかりではなく、周囲の協力を得る必要があります。誰かに仕事を頼んだり、予定の調整をしてもらったりと、「依頼」にもさまざまな種類があります。この章では、相手も自分も気持ち良く仕事をすることができるような依頼とはどのようなものか、考えていきます。

日本人の「依頼」はなぜ失敗するのか？

「依頼」は、第1章の「問い合わせ」と並び、ビジネスの場面で最も使用頻度が高い言語行為の1つです。自分の要望を伝えながらも相手に配慮し、できるだけ気持ち良く動いてもらおうと思えば、相手との関係や状況に応じて効果的な英語表現を使う力が必要になります。さっそく、依頼が必要な場面を具体的に見ていくことにしましょう。

Sample Case

営業部の正さんは今日、顧客のMr. Brownとの会議を予定しています。しかし、会議参加予定者と事前に会議資料を確認しているうちに、予定されている45分という会議時間では、アジェンダの内容を到底カバーしきれないことに気付きました。より時間に余裕がある翌日にミーティングを変更することを頼んでみようと、急ぎMr. Brownに電話をかけました。

正さん

Hi, this is Tadashi Noda from YA Inc.
（こんにちは、YA Inc.の野田正です）

Mr. Brown

Hi Tadashi. What's going on?
（もしもし正さん。どうされましたか？）

正さん

I'm sorry, but please reschedule today's meeting. We don't have much time today. Is tomorrow OK?
（申し訳ないのですが、今日の会議のスケジュールを明日に変更お願いします。今日はあまり時間が無いのです。明日でもいいですか？）

Mr. Brown

> Oh, sorry, Tadashi, but my schedule is pretty booked tomorrow.
> （あ、ごめんなさい、正さん、でも明日はかなり予定がいっぱいで）

正さん

> Oh, I see ... I'll see you today.
> （ああ、そうですか…では今日お目にかかりましょう）

正さん、残念ながら会議を明日に動かすことができず、あっさりと断られてしまいました。正さんの依頼は、顧客のMr. Brownにどのように聞こえたのでしょうか？　他にうまくいく方法は無かったのか、今回の依頼の問題点を検証してみましょう。

依頼が失敗に終わった理由

① 丁寧に依頼しているつもりが命令になっている ✗

予定の変更を「お願い」する電話で、いきなりPlease reschedule today's meeting.と、命令形の直接的な表現を使いました。「〈Please＋命令文〉は依頼の表現」と学生時代に教わった方もいるかもしれませんが、いくらpleaseが付いていても命令形は命令形です。かなり直接的に「命令」しているように聞こえるため、この場には不適切です。相手が顧客であることを考えればなおさら、I'm wondering ...などを使ってまず伺いを立てる方が得策です。

② 理由が不十分である ✕

We don't have much time today.（今日はあまり時間が無い）では、十分な状況・理由の説明になっていません。会議で話し合うべき内容が多過ぎて45分ではカバーしきれない、だからより時間の作れそうな明日にしたい、と順を追って伝えるべきでした。相手が納得できなければ、理由としては不十分です。

---

③ 相手への負担を軽減させる表現が無い ✕

相手に返答としてNoと言える余地を全く与えていない聞き方なので、状況によっては相手の面子をつぶすことになりかねません。自分の都合だけを相手に押し付けたように聞こえてしまいます。「もし無理ならばいいのですが」といった一言で負担を軽減させる配慮が欲しいところです。

伝え方に配慮の見られない依頼は、少し間違うと「命令・指示」として相手に受け取られ、不快感を与えてしまう場合もあります。そうならないためには、どのような手順を踏んだ依頼をすれば、相手が意図を正しく理解し、快諾してくれるのでしょうか？

これが「依頼」の構成要素だ！

ではここから、「依頼」という言語行為について整理しましょう。依頼の目的は、あなたが相手に求める言動をとってもらうようにすることです。英語を使ってその目的を効果的に達成するには、以下の構成要素を取り入れることを意識しましょう。

依頼の5要素

❶ 前置き　　**❷ 依頼**　　**❸ 理由**

❹ 負担の軽減　　**❺ お礼**

基本的には①→②→③→④→⑤あるいは①→③→②→④→⑤になる場合が多いと考えましょう。相手や状況によって③や④が割愛されたり、依頼が受け入れられなかったりすると⑤が無くなることもあります。

では、構成要素それぞれを代表する例文を以下に整理します。

❶ 前置き

MP3 021

唐突に依頼を切り出すことを避け、まずは相手の注意を引く声掛けや、これから何かをお願いしようとしていることを示すサインを出しましょう。

- **Hi[Hey] *Mary*.**　（やあ、メアリー）
  ※Heyの方がよりカジュアル。仲が良い相手の場合は単純に相手の名前を呼ぶだけのこともあります。

- **Got a minute?**　（ちょっと時間ある？）

- **Do you have a minute?**　（ちょっとよろしいですか？）

- **Can I ask you a favor?**　（お願いがあるのですが）

- **I'm sorry to bother you, but could you do me a favor?**
  （お邪魔してすみませんが、お願いしたいことがあります）

❷ 依頼

実際に頼みたいことを伝えます。多くの場合において「依頼＝相手に負担をかける」という前提があるため、**Can you ...?**、**Could you ...?** といった疑問文の形にするのが普通です。さらに丁寧にするためには間接疑問文などが使われる傾向があります。また口頭の会話で〈Please＋命令文〉を使うと、かなり高圧的に聞こえることを覚えておきましょう。

〈直接的で命令に近い〉

- **Please bring** *it to me*.
  (それ持ってきて)

- **I want you to** *read his email*.
  (あなたに彼からのメールを読んでもらいたいんだ)

- **Will you** *reserve a room for the meeting*?
  (そのミーティング用に部屋を予約してくれませんか?)

〈標準的〉

- **Can you** *set up a meeting with Jim next week*?
  (来週ジムとのミーティングを設定してもらえますか?)

- **I'd like to ask you to** *review the document*.
  (その文書のレビューをお願いしたいのです)

〈間接的で丁寧〉

- **Will you be able to** *pick me up at the airport*?
  (できれば、空港に私を迎えに来ていただけますか?)

- **Could you please** *call his assistant for me*?
  (私の代わりに彼のアシスタントに電話してくれますか?)

- **Do you think you could** *visit Lucy's office*?
  (ルーシーのオフィスを訪問してもらえますか?)

- **I wonder if you could** *cover my shift tomorrow*.
  (明日のシフトを変わっていただけないかと思いまして)

- Would it be OK if I *stop by your office this afternoon*?
  (今日の午後あなたのオフィスに立ち寄ってもよろしいですか?)

〈非常に間接的で丁寧〉
- Would it be possible to *change the event venue*?
  (イベントの会場を変更することは可能でしょうか?)

- I was wondering if you could *travel to Milan with me*.
  (ミラノ出張に私と一緒に来てもらうことはできないかと思ったのですが)

- I'd appreciate it if you could *talk to Bob about my proposal*.
  (ボブに私の提案について話していただけるとありがたいのですが)

- Would you mind if I asked you to *explain the process in more detail*?
  (その工程についてもう少し詳しくご説明をお願いしてもよろしいでしょうか?)

上に紹介した以外にも、依頼のニュアンスを和らげる表現(緩和表現 [mitigator]と呼ばれる)と組み合わせることによって、丁寧さをさらに強めることもできます。

例 maybe(たぶん)、perhaps、possibly(ひょっとすると)
probably(おそらく)、a bit(ちょっと)、just(ただ)
kind of 〜、sort of 〜(何だか、〜のような)

❸ 理由

MP3 023

通常、❷ 依頼 の前後にきます。理由が明らかな場合や、**Could you pass me the pen?**(そのペンを取ってもらえますか?)程度のごく簡単な依頼にはわざわざ理由を言わないこともあります。ただし、話題が重い場合は、こちらが望む方向に相手を動かすために、妥当な理由を詳しく伝え、納得してもらう必要があります。

- I'm asking you this because *there seems to be a discrepancy in the report*.
（これをあなたに聞いている理由は、報告書に食い違いがあるようだからです）

- I need to know this because *our clients are very angry about it*.
（この件について、顧客が非常に怒っているので知る必要があります）

- I'd like to know because *we're actually opening a new store in that area*.
（知りたいと思っているのは、われわれがそのエリアに新しいお店をオープンさせる予定だからです）

❹ 負担の軽減

MP3 024

特に難しい依頼をする時などは、相手の負担を軽減させるために、断れる余地や代案の提案といった道をあらかじめ作ってあげるような一言を加えると丁寧です。

- If you don't have time, I can just ask someone else.
（もしお時間が無ければ、他の人にお願いできますので）

- Can you help me with this, but if you're too busy, you don't have to.
（これを手伝ってもらえませんか、でも、すごく忙しければその必要はありません）

- Could you possibly *double-check the finance report*, but if you can't right now, then that's OK. *I can wait till tomorrow*.
（財務報告書を二重チェックしていただけませんか、でも、今すぐできないなら、それでも大丈夫です。明日まで待てます）

- But if you have to *go right now*, that's OK.
（でも、もし今すぐに行かなければいけないようでしたら、結構です）

⑤ お礼

依頼を引き受けてくれた相手には、感謝の気持ちを必ず表現します。依頼を断られてしまったとしても無言にならずに、状況を理解した旨を伝えましょう。

〈依頼を受け入れてくれた時〉

- **Thanks [a lot].** （ありがとうございます）
- **Thank you very[so] much.** （どうもありがとうございます）
- **I appreciate it.** （感謝します）
- **This really helps me out a lot.** （本当に助かります）

〈依頼を断られた時〉

- **Oh, that's OK.** （あ、大丈夫です）
- **No problem.** （問題ありません）
- **I understand.** （分かりました）

練習 構成要素それぞれの例文音声を聞きましょう。その後、スムーズに言えるようになるまで、声に出して読んでください。

「依頼」の成功例を見てみよう

依頼する際の5つの構成要素が分かったところで、先ほどの正さんのケースを、より適切な依頼にするにはどうすべきか、確認しましょう。

Sample Case (p. 48再掲)

営業部の正さんは今日、顧客の Mr. Brown との会議を予定しています。しかし、会議参加予定者と事前に会議資料を確認しているうちに、予定されている45分という会議時間では、アジェンダの内容を到底カバーしきれないことに気付きました。より時間に余裕がある翌日にミーティングを変更することを頼んでみようと、急ぎ Mr. Brown に電話をかけました。

まずは「人間関係」と「話題」について考えます。Mr. Brown はビジネス上の顧客なので、友人や同僚とは違い、正さんとは関係が「遠い」存在です。話題は、今日のミーティングのスケジュールを急きょ明日に変更したい、という相手に負担をかけることです。従って話題は「重」となり、IRモデルの「D」に該当します。

正さんの置かれた状況：D

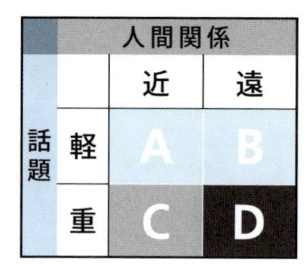

	人間関係 近	人間関係 遠
話題 軽	A	B
話題 重	C	D

Dの状況というのは、A、B、Cと比べて、相手への配慮を最大限、言葉で表現しなければなりません。できる限り丁寧に、そして、依頼の理由は相手が納得できるようにかなり詳細に伝える工夫が必要です。では表現の丁寧さに注意しながら、正さんのケースを依頼の5つの構成要素を使って言い直してみましょう。

依頼の成功例

MP3 026

Tadashi　　：Hi, this is Tadashi Noda from YA Inc.
Mr. Brown：Hi Tadashi. What's going on?
Tadashi　　：[前置き] Sorry for being so last-minute, but [依頼] I was just wondering if we could change the meeting schedule to tomorrow morning. [理由] We just looked over our report and we don't think 45 minutes will be enough to cover everything today. But we'd have more time tomorrow to go over everything more thoroughly.
Mr. Brown：OK, but I'll have to check my schedule first.
Tadashi　　：[負担の軽減] If tomorrow doesn't work for you, then we can just stick to the original plan.
Mr. Brown：All right. I'll let you know.
Tadashi　　：[お礼] Thank you.

正さん　　：こんにちは、YA Inc.の野田正です。
ブラウン氏：もしもし正さん。どうされましたか?
正さん　　：直前で申し訳ないのですが、会議を明日の午前に変更することは可能だろうかと思いまして。資料を見て、45分では今日全ての内容をカバーできそうにないと思ったものですから。でも、明日でしたらもう少し時間があるので全て話し合えるのですが。
ブラウン氏：分かりました。ただ、まずは予定を確認しないと。
正さん　　：もし明日は都合が付かないようでしたら、予定通り行いましょう。
ブラウン氏：承知しました。お知らせしますね。
正さん　　：ありがとうございます。

いかがですか? 正さん、今回は相手に配慮しながら伺いを立てるように依頼をすることができました。依頼の言葉だけでなく、特に理由の表現が長くなっていることが分かりますね。We don't have enough time.という漠然とした言い方ではなく、何をする時間が十分ではないのか、なぜそう思うのか、まで相手に丁寧に説明することで信頼感を増しています。Dのような状況ではこのくらい詳しく伝えるつもりで考えると、相手も「検討したい、どうにかしてあげたい」という気持ちに傾きやすくなります。

確認問題

ここまで学習した内容をおさらいしましょう。（解答例はp. 72。MP3ファイルには解答例の音声が収録されています）

1. 「依頼」の構成要素を5つ全て挙げてください。

   ①_____ ②_____ ③_____ ④_____ ⑤_____

2. 空所を埋めて文を完成させてください。 MP3 027

   ①お願いがあるのですが。

   Can I a__ y__ a f____?

   ②明日ジェーンとのミーティングを設定してもらえますか?

   C__ y__ s__ u_ a meeting with Jane tomorrow?

   ③次の金曜のトムのシフトを変わっていただけないかと思いまして。

   I w_____ i_ you c____ cover Tom's shift next Friday.

   ④面接の予定を変更することは可能でしょうか?

   W____ __ be p_____ t_ reschedule the interview?

   ⑤でもすごく忙しければ、する必要はありません。

   But __ you're t__ busy, you d___ h___ to.

   ⑥でも、もし今すぐに行かなければならないようでしたら、結構です。

   But __ y__ h___ t_ go right now, that's __.

3. ①〜④に語句を当てはめて、会話を完成させてください。状況をIRモデルで把握し、文法的に正しいかどうかに加え、人間関係・話題に見合った言い回しになっているかも考慮すること。

Case

あなたは、明日予定されている部下のBillとのミーティングを今日に前倒ししたいと思います。明日はヨーロッパからゲストがたくさん来ることになり、落ち着いて話ができそうにないからです。Billにスケジュール変更を依頼してください。

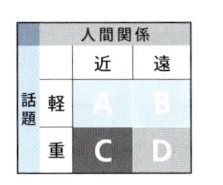

	人間関係	
	近	遠
話題 軽	A	B
話題 重	C	D

You : ① , Bill. ② the meeting today instead of tomorrow. Tomorrow is going to be a bit crazy with ③ .

ねえ、ビル。①ミーティングだけど、明日の代わりに今日できないかなと思っているの。②ヨーロッパからたくさんゲストが来ることになって明日はちょっとばたばたしそうなのよ。③

Bill : Sure, that's fine. How about 3 p.m. today?

いいですよ。今日の3時はいかがですか？

You : Three sounds perfect. ④ , Bill.

3時は完璧ね。ありがとう、ビル。④

Bill : No problem.

お安いご用です。

英語らしい「依頼」を徹底分析！

Case 1：スキャナーの使い方を教えて！　（話題：軽）

A　仲のいい同僚Stellaに頼む（人間関係：近） MP3 029

Artie ： 前置き Hey Stella. Do you have a sec?
Stella ： Yeah, what's up?
Artie ： 依頼 Could you help me with the scanner? I'm having a little trouble connecting it to my computer.
Stella ： Sure, no problem. Can I take a look at it after I finish this email?
Artie ： Of course. お礼 Thanks.

アーティ ： やあ、ステラ。ちょっといい？
ステラ 　： ええ、どうしたの？
アーティ ： スキャナーを使うの、手伝ってくれる？　コンピューターに接続するのにちょっと問題があって。
ステラ 　： もちろん、いいわよ。このメールを送ってから見てみてもいい？
アーティ ： もちろんだよ。ありがとう。

親しき仲にも礼儀あり、の依頼

　仲の良い同僚に対して深刻さの低いことについて依頼するため、比較的直接的な表現が使われています。ただし、どんな依頼でも、相手に時間を割いてもらうということですから配慮が必要ですね。前置きにDo you have a sec?（ちょっといい？）と断りを入れたり、Please help meではなくCould youという丁寧な依頼表現を使ったりしている点が重要です。このような状況で他に考えられる婉曲的な依頼表現としては、Do you know how to use the scanner?（スキャナーの使い方を知ってる？＝知っていたら教えてほしい）なども有効です。また、ここでは、使い方に困っているから聞いているのが明らかなため、理由を省略しています。

ここからは、会話にどのように「依頼」の構成要素が組み込まれるのか、4つのサンプルケースを見ていきます。最初の2つは話題が軽いA、B、次の2つは話題の重いC、Dのケースです。

	人間関係 近	人間関係 遠
話題 軽	A	B
話題 重	C	D

B 上司 Ms. Anderson に頼む（人間関係：遠）

MP3 030

Artie : 前置き Hi Ms. Anderson. Do you have a moment?
Ms. Anderson : Yeah, sure.
Artie : 依頼 I was just wondering if you know how to use this scanner. 理由 I've never had to use it before, but I have to send the scanned image of our new product to our client today.
Ms. Anderson : Actually, I'm not sure how to use it myself. But I think Fran in the IT department knows how to work it.
Artie : お礼 Thank you. I'll call her now.

アーティ ： こんにちは、アンダーソンさん。一瞬よろしいですか？
アンダーソン氏 ： ええ、いいですよ。
アーティ ： このスキャナーの使い方をご存じないかなと思いまして。これまでこれを使う必要が無かったのですが、今日顧客に新製品のスキャン画像を送らなければならず。
アンダーソン氏 ： 実は、私も使い方がよく分かりません。でも、IT部のフランなら使い方を知っていると思いますよ。
アーティ ： ありがとうございます。彼女に電話してみます。

目上の相手の時間はより「貴重」なものと考える

　軽い話題ですが、相手が上司であるという関係性を考え、時間をもらうことに対する配慮を加えましょう。依頼の表現は、かなり丁寧な I was wondering if you ... を使ったものになりました。さらに、Aの同僚に対しては省略していた理由を添えることで、「申し訳ないけれどもどうしても頼む必要がある」という状況を伝えようとしています。

Case 2：エアコンの温度を上げてくれない？　（話題：軽）

A 同じ部署のアシスタント Nick に頼む（人間関係：近） MP3 031

Jackie： 前置き Hey Nick. Can I ask you something?
Nick　： Sure, what can I do for you?
Jackie： 依頼 Can you turn up the heat just a little bit?
Nick　： Sure, no problem.
Jackie： お礼 Thanks.

ジャッキー ： ねえ、ニック。ちょっとお願いしてもいい？
ニック　　 ： もちろんです。どうされましたか？
ジャッキー ： 温度を少し上げてもらえる？
ニック　　 ： はい、お安いご用です。
ジャッキー ： ありがとう。

理由が明らかな時は説明し過ぎない

　アシスタントに対して、部屋の温度を上げるお願いをしています。そんなに難しいお願いではないので、丁寧さを意識し過ぎない方が自然です。Hey＋相手の名前というカジュアルな前置きで始まりますが、Can I ask you something?（ちょっとお願いしてもいい？）とこれから依頼をするサインを出して、相手が準備をする時間を作っています。話題は軽く、断られる可能性も低い状況なので、理由、負担の軽減を省いて簡潔にまとめている点が特徴です。

B 総務担当者 Larry に頼む（人間関係：遠） MP3 032

Jackie : 前置き Hi Larry. Can I ask you something?
Larry : Sure, what's up?
Jackie : 依頼 Do you think you can turn up the heat just a little bit? 理由 It's a little bit chilly in this office.
Larry : OK, sure.
Jackie : お礼 Thanks.

ジャッキー ： こんにちは、ラリー。ちょっとお願いしてもいいですか？
ラリー ： もちろんです、どうしました？
ジャッキー ： 温度を少し上げていただくことはできますか？　このオフィス、少し寒くて。
ラリー ： ええ、もちろん。
ジャッキー ： ありがとう。

関係性が遠い相手には、自分の気持ちを押し付け過ぎないように

　そこまで近い間柄ではない総務の担当者にお願いするということで、A よりも多少相手を配慮した響きが感じられたでしょうか。前置き後、Do you think you can ...? と間接疑問文を使って丁寧に依頼をしています。さらに、a little（ちょっと）という言葉などを挟むことで、控えめさを加えることができます。軽い依頼なので、ここでも負担の軽減は割愛して良いでしょう。

Case 3：急だけど、代わりに会議に出てくれる？ （話題：重）

C 仲の良い同僚Jeremyに頼む（人間関係：近）

May ： 前置き Hi Jeremy. Can I ask a huge favor?
Jeremy ： Sure.
May ： 依頼 If you're free this Thursday, could you possibly attend the conference instead of me? 理由 I would go myself, but I can't make it then.
Jeremy ： All right, I think that will be OK.
May ： Are you sure? I mean, 負担の軽減 I can ask someone else if you have other pressing things you have to do on that day.
Jeremy ： Well, I do have other things to do, but they can wait. Plus the conference sounds really interesting.
May ： All right, お礼 thanks a lot. That really helps me out.

メイ ： ねえ、ジェレミー。かなり大きなお願いがあるんだけどいいかしら？
ジェレミー ： いいよ。
メイ ： もし今週の木曜日が空いていたら、ひょっとして私の代わりに例の会議に出てもらうことはできないかな？　行けるなら行くんだけど、その日は駄目なのよ。
ジェレミー ： うん、大丈夫だと思うよ。
メイ ： 本当？　えっと、もしその日に他にやらなきゃいけないことがあれば他の人に聞くこともできるわ。
ジェレミー ： うーん、他にもやることはあるけど、それは待てるし。それにその会議がとても面白そうだから。
メイ ： そうね、本当にありがとう。すごく助かるわ。

相手の立場を考えて、先回りの配慮を心掛ける

　自分の代わりに急きょ会議に参加してもらうといった場合、仲の良い同僚に対してでも配慮が必要ですね。前置きとして、相手に負担をかける可能性を最初にほのめかします。少し大げさな程度にすれば、本題の依頼を伝える際の衝撃を抑える効果があります。また、話題が重いので理由は必ず伝えましょう。I would goは仮定法でI would go if I could（行けるなら行く）の短縮版です。I can't make itは非常によく使われる表現で、物理的にできない、かなわないことを意味します。
　依頼内容が重い場合は、相手の負担軽減を意図する表現が使われる傾向があります。英語にも相手を配慮する実にさまざまな丁寧表現が存在することが実感できますね。

D 上司Bartに頼む（人間関係：遠） MP3 034

May : 〔前置き〕 Hi Bart. Do you have a minute?
Bart : Sure, what's up?
May : Well, 〔前置き〕 I was just wondering if you had time this Thursday afternoon. There is a conference that I'd like to attend, but 〔理由〕 I can't make it because I have to finish a report. Sorry for being so last-minute, but 〔依頼〕 could you possibly go instead of me?
Bart : Maybe, but I'll have to check my schedule.
May : OK, 〔負担の軽減〕 but if you aren't available then, I can just ask someone else.
Bart : All right, I'll let you know later today then.
May : OK, 〔お礼〕 thanks so much!

メイ　：こんにちは、バートさん。少しよろしいでしょうか？
バート：いいよ、どうしたの？
メイ　：ええと、今週の木曜日の午後にお時間が無いかなとちょっと思っておりまして。出席したい会議があるのですが、報告書を仕上げなければならないので行けないのです。ぎりぎりにお伝えして恐縮なのですが、私の代わりにひょっとしてご参加いただくことは可能でしょうか？
バート：行けるかもしれない。でもスケジュールを確認しないといけないな。
メイ　：はい、でももしその日ご都合がつかなれば、他の人にお願いできますので。
バート：分かった。じゃあ今日、後で知らせるよ。
メイ　：はい、どうもありがとうございます！

依頼を切り出す前に相手への配慮を十分に見せる

　忙しい上司に、自分の代わりに会議に出席することをお願いするのはたやすいことではありませんね。相手を配慮してかなり慎重に言葉選びをしていると気付いたでしょう。依頼の5つの構成要素全てを使い、さらに各構成要素の表現がどれも丁寧です。注目すべきはI was just wondering if you had time ...です。全て過去形で表現することでより丁寧になりますし、直接的に出席を依頼する前に、時間があるかを確認する配慮を見せる効果があります。
　その他、緩和表現のjust（ただ、ちょっと）、possibly（ひょっとして）や、理由を詳しく述べて説得力を持たせようと心掛けています。丁寧かつしっかりとした理由に裏付けられた依頼をすると、相手も「どうにかしてあげたい」という気持ちになりやすいでしょう。

Case 4：売上報告書の提出期限を延ばせないかな？　（話題：重）

C 仲の良い上司Johnnyに頼む（人間関係：近） MP3 035

Angela : 前置き Hi Johnny. Can I ask you something?
Johnny : Sure.
Angela : 依頼 Would it be OK if I submit the sales report next Monday?
Johnny : Actually, we need it by today. Is everything OK?
Angela : Well, 理由 one of the licensees didn't submit their data until this morning, and that doesn't give me enough time to finish it.
Johnny : OK, I understand. Can you email it to me first thing Monday morning then?
Angela : Absolutely. お礼 Thanks for understanding.

アンジェラ ： こんにちは、ジョニー。ちょっと聞いてもよろしいですか？
ジョニー ： いいよ。
アンジェラ ： 売上報告書を来週の月曜日に提出させてもらっても大丈夫でしょうか？
ジョニー ： 本当は今日までに必要なんだけどな。何か問題でも？
アンジェラ ： ええと、ライセンシーの1社が今朝まで彼らのデータを送ってこなかったんです。それで報告書を終わらせるのに十分な時間が無くて。
ジョニー ： そうか、分かった。じゃあ月曜日の朝イチにメールで送ってくれる？
アンジェラ ： はい必ず。ご理解ありがとうございます。

事実・状況を理由として明確に伝える

　仲が良く信頼関係が構築された上司に対してということで、依頼にはWould it be OK if ...?（…しても大丈夫でしょうか？）という表現を使っています。仮定法wouldで丁寧さ、OKで若干くだけた印象を出してバランスを取っています。
　当然ながら、正当な理由が求められる状況ですので、ライセンシーのデータ送付遅延を理由としてはっきり説明しています。ここをあいまいに伝えると、相手に理解してもらえなかったり、ただの言い訳と取られてしまったりする危険性があるので注意しましょう。

D 取引先担当者 Alexに頼む（人間関係：遠）

MP3 036

Jill : 前置き Hello Alex. Do you have a little bit of time to talk?
Alex : Sure.
Jill : 依頼 Would it be at all possible to submit the sales report next Monday?
Alex : Umm, I'm not sure if we can wait that long. We were really expecting it today.
Jill : I'm really sorry. I also really wanted to finish it by today, too. But 理由 we haven't received all the necessary data from one of our licensees.
Alex : Oh, I see. Then I guess Monday will be fine.
Jill : お礼 Thank you so much for understanding.

ジル	： こんにちは、アレックス。少しお話しする時間はありますか？
アレックス	： もちろん。
ジル	： 売上報告書を次の月曜日に提出させていただくことはひょっとして可能でしょうか？
アレックス	： うーん、そんなに待てるかちょっと分からないですね。今日受け取ることを本当に期待していましたので。
ジル	： 誠に申し訳ありません。私も本当に今日までに終わらせたかったのです。ただ、ライセンシーの1社から必要なデータの全てを受け取っていないのです。
アレックス	： ああ、そうなのですね。でしたらおそらく月曜でも構わないと思います。
ジル	： ご理解いただき、本当にありがとうございます。

自分も最善を尽くしているという姿勢を見せる

　取引先に対しての依頼は、社内の身近な人に比べて、細心の注意が必要なことは簡単に想像がつくでしょう。今回は依頼に仮定法のWould it be possible、さらに緩和表現at allが加わって、「ひょっとして可能でしょうか？」とかなり婉曲的に、可能性を伺っています。

　また、自分の過失ではないものの、まずはおわびの気持ちを伝えることで相手にかかる負担を配慮しています。また、自分も本来は相手と同じ気持ちであるという寄り添いの姿勢を見せ、それでもかなわない理由を述べています。日本の文化では理由を詳しく述べ過ぎると「言い訳がましい」とネガティブな印象をもたれてしまう傾向がありますが、英語では状況や理由を正しく伝えることが重要視されます。そして、相手が要望を受け入れてくれた時は、誠実に感謝の気持ちを伝えましょう。

実戦トレーニング　MP3 037 〜 MP3 040

それぞれのケースについて、自分なら何と言うか考えてしゃべってみましょう。あなたのセリフの内容は、アイコンで指定されている要素を満たすようにすること。（解答例はp. 72。MP3ファイルにはCase 1〜4の解答例の音声が収録されています）

Case 1：連絡先を教えてほしいんだけど

あなたは来月の香港出張のための航空券を予約するため、旅行代理店に電話しようと思ってます。部下のScottからあなたの会社が契約している旅行代理店の連絡先を教えてもらいましょう。

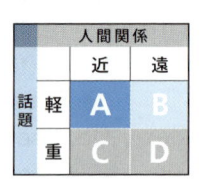

（人間関係：Scott／話題：連絡先）

	人間関係	
	近	遠
話題 軽	A	B
話題 重	C	D

You : 　[前置き]

Scott : Sure, what's up?
　　　　はい、どうされました？

You : 　[依頼] ＋ [理由]

Scott : Sure, will by lunch today be OK?
　　　　もちろんです。今日のお昼まででもいいですか？

You : 　[お礼]

068

ここまで、たくさんのケースを見てきましたが、「人間関係」と「話題」に応じた依頼表現の使い分けをイメージできましたか？ 最後に、実践の場を意識した応用練習をしてみましょう。

Case 2：お休みをもらえませんか？

来週、オーストラリアに住んでいる両親があなたに会いに来る予定になっているため、あなたは、空港に迎えに行くために1日休みを取りたいと思っています。上司Charlesに来週数日休みを取らせてほしいとお願いしてください。

	人間関係	
	近	遠
話題 軽	A	B
話題 重	C	D

You ： 前置き

Charles ： A little, but I can talk for a little bit.
ちょっとね。でも少しなら話せるよ。

You ： 理由 ＋ 依頼

Charles ： That will be OK if you can finish everything by then.
それまでに全てを終わらせてもらえるなら問題ないと思うけど。

You ： 埋め合わせ　（※基本の構成要素でないものは、他と色を変えて表示してあります）

Charles ： OK then. Please say hi to your parents for me.
それなら大丈夫。ご両親によろしく伝えて。

You ： お礼

実戦トレーニング

Case 3：資料作成を手伝ってもらえる？

あなたは、明日の会議で使用するプレゼンテーション資料を作成していますが、進捗が芳しくありません。同僚Lance（人間関係）に作成を手伝ってもらえないか依頼してください。（話題）

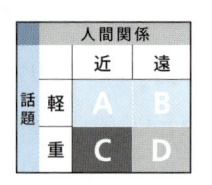

	人間関係	
話題	近	遠
軽	A	B
重	C	D

You ： 〔前置き〕

Lance ： Sure, I guess.
あ、いいよ、たぶん。

You ： 〔依頼〕＋〔理由〕

Lance ： Sorry, but I don't think I can look at them today. I have to finish the merger reports for tomorrow, too.
ごめん、でも今日は見られないと思う。僕も合併のレポートを明日までに終わらせなくちゃいけないんだ。

You ： 〔お礼〕

Lance ： Sorry.
申し訳ない。

Case 4：早くデータを送ってもらえますか？

あなたの部署は先週、ファイナンス部に店舗売上データを送ってもらうよう依頼していましたが、まだ受け取っていません。データが無いとグラフの更新ができないのです。ファイナンス部のディレクター Cathy に催促してください。

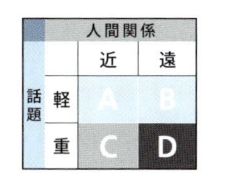

	人間関係	
	近	遠
話題 軽	A	B
重	C	**D**

You ： [前置き]

Cathy ： Sure.
もちろん。

You ： [状況の説明]

Cathy ： Oh, sorry, we haven't gotten around to sending it.
ああ、ごめんなさい。送る余裕が無かったもので。

You ： [負担の軽減] ＋ [依頼] ＋ [理由]

Cathy ： Sure, we'll try to get it in by lunch today.
了解です。今日のお昼までにお送りできるよう頑張ります。

You ： [お礼]

解答例

確認問題 (p. 58)

1. ①前置き ②依頼 ③理由 ④負担の軽減 ⑤お礼

2. ①ask you、favor ②Can you set up ③wonder if、could
   ④Would it、possible to ⑤if、too、don't have ⑥if you have to、OK

3. ①Hi ②I'm wondering if we could have
   ③lots of guests visiting from Europe ④Thanks

実戦トレーニング (p. 68)

Case 1　MP3 037

You : 前置き Hi Scott. Got a minute?
Scott : Sure, what's up?
You : 依頼 Could you email me the contact information of the travel agency that our company has a contract with? I'm traveling to Hong Kong next month and 理由 just wanted to book a ticket today.
Scott : Sure, will by lunch today be OK?
You : Yeah, お礼 thanks a lot.

あなた　：ねえ、スコット。ちょっと時間ある？
スコット：はい、どうされました？
あなた　：うちの会社と契約している旅行代理店の連絡先をメールしてもらえないかしら？　来月香港に出張するんだけど、今日飛行機を予約したかったのよ。
スコット：もちろんです。今日のお昼まででもいいですか？
あなた　：いいわよ、どうもありがとう。

[解説] 相手が部下でも、〈Please＋命令文〉といった直接的過ぎる表現は避けましょう。依頼の基本はCan you ...?、Could you ...?（…してもらえますか？）などの疑問文を使うと覚えておきましょう。

Case 2 MP3 038

You : [前置き] Hi Charles, are you busy now?
Charles : A little, but I can talk for a little bit.
You : Thanks. Well, [理由] my parents are visiting from Australia next week and [依頼] I'm wondering if it would be OK to take next Wednesday off to meet them at the airport. I know it's a bit of short notice.
Charles : That will be OK if you can finish everything by then.
You : Of course, [埋め合わせ] I plan to be in the office on the weekend to complete the data migration for the merger.
Charles : OK then. Please say hi to your parents for me.
You : Sure, [お礼] thanks so much.

あなた ： こんにちは、チャールズさん、今お忙しいですか？
チャールズ ： ちょっとね。でも少しなら話せるよ。
あなた ： ありがとうございます。あの、私の両親が来週オーストラリアから来る予定で、来週の水曜日、彼らを空港に迎えに行くためにお休みをいただけないかと思っていまして。ちょっと急だとは分かっているのですが。
チャールズ ： それまでに全てを終わらせてもらえるなら問題ないと思うけど。
あなた ： もちろんです。週末にオフィスに来て、合併のためのデータ統合を完成させる予定です。
チャールズ ： それなら大丈夫。ご両親によろしく伝えて。
あなた ： はい、どうもありがとうございます。

[解説] 急な休みの依頼は少し切り出しにくいものですが、特別な理由であることを示し、理解を求めています。また、補助的な要素として休みを埋め合わせる方法を伝えることで依頼を受け入れてもらいやすくしています。

Case 3 MP3 039

You : [前置き] Hey Lance. Can I ask you for a favor?
Lance : Sure, I guess.
You : I know it's short notice, but [依頼] could you help me with some of the presentation material for tomorrow's conference? [理由] I'm a little behind on some of the documents.
Lance : Sorry, but I don't think I can look at them today. I have to finish the merger reports for tomorrow, too.
You : Oh, I see. [お礼] No worries.
Lance : Sorry.

解答例

あなた ： ねえ、ランス。お願いしたいことがあるんだけど。
ランス ： あ、いいよ、たぶん。
あなた ： ぎりぎりだと分かっているんだけど、明日の会議用のプレゼン資料を少し手伝ってくれないかしら？ いくつかのドキュメント作成が遅れていて。
ランス ： ごめん、でも今日は見られないと思う。僕も合併のレポートを明日までに終わらせなくちゃいけないんだ。
あなた ： あ、そうなのね。分かったわ。
ランス ： 申し訳ない。

[解説]「明日の会議の資料」という急な依頼なので、依頼の表現の前にI know it's a short notice.と緩衝表現を使っています。依頼を受けて入れてもらえなくても、礼儀正しくNo worries.やThat's OK.などの一言を言うようにしましょう。相手も申し訳なさを感じずに済むでしょう。

Case 4 MP3 040

You ： 前置き Hi Cathy. Can I bother you for just a minute?
Cathy ： Sure.
You ： Our department requested some store-sales data last week, but 状況の説明 we haven't gotten it yet.
Cathy ： Oh, sorry, we haven't gotten around to sending it.
You ： I see. Well, 負担の軽減 I know you are busy with the quarterly sales, but 依頼 do you think you could send it to us sometime today? 理由 We need those to finish updating our graphs.
Cathy ： Sure, we'll try to get it in by lunch today.
You ： お礼 Thanks so much.

あなた ： こんにちは、キャシー。少しだけお邪魔してよろしいですか？
キャシー ： もちろん。
あなた ： 先週われわれの部署から、店舗売上データを依頼させてもらいましたが、まだ受け取っていません。
キャシー ： ああ、ごめんなさい。送る余裕が無かったもので。
あなた ： そうですか。えっと、四半期売上のまとめで忙しいとは思いますが、今日のうちに送っていただくことはできないでしょうか？ グラフを更新し終えるのに、どうしても必要でして。
キャシー ： 了解です。今日のお昼までにお送りできるよう頑張ります。
あなた ： どうもありがとうございます。

[解説] 何かの催促をする場合は、一方的に希望を押し付けるよりも、事前に正確な状況を共有する必要があります。よって依頼した内容の説明から入りました。多忙なファイナンス部のディレクターに対する催促なので、依頼表現はそれに配慮した丁寧さが伝わる間接疑問文を使うと効果的です。

第3章

提案

人に何かをアドバイスしたり、大勢の前で企画のプレゼンをしたりと、ビジネス上の提案にも大小があります。一貫しているのはその提案を「受け入れてもらう」という目的です。相手に納得してもらえる提案とは、どんなものでしょうか？

日本人の「提案」はなぜ失敗するのか？

「提案」には、日常的に使われる軽い「お薦め」や「アドバイス」に近いものから、重要な企画などの「プレゼン」まで、実にさまざまなシチュエーションがあります。教科書ではshould、must、ought toなどの助動詞を提案の表現として学習しますが、それだけで実際のビジネスシーンにふさわしい提案が果たして可能なのでしょうか？

Sample Case

営業部の正さんは、戦略部のキーパーソンであるMs. Lyonに、会社の事業拡大戦略の1つとして、Midia Coffeeとの合併を提案したいと思っています。まずはアイデアを伝えてみようと思い、打ち合わせがあったついでに、話を切り出しました。

正さん
Ms. Lyon, I want to tell you something.
（リオンさん、あなたに言いたいことがあります）

Ms. Lyon
OK. Is everything all right?
（はい、何か問題でも？）

正さん
We had better merge with Midia Coffee.
（われわれはMidia Coffeeと合併しなければ大変なことになります）

Ms. Lyon

What? Why is that?
（何ですって？　それはなぜ？）

正さん

**They have many repeat customers.
We should use our system to sell their brand.**
（彼らにはたくさんのリピート客がいます。
われわれのシステムを使って彼らのブランドを売るべきです）

Ms. Lyon

**OK, thank you for your suggestion.
Let me think about it.**
（OK、ご提案どうも。考えてみます）

正さんの切り出した言葉と提案に、リオンさんは明らかに困惑と動揺を示しました。最後には、正さんの提案は何となく流されてしまったようです。なぜこのような結果になってしまったのでしょう？

提案が失敗に終わった理由

① 前置きが警告になっている ✗

正さんは前置き表現に、いきなり I want to tell you something.（あなたに言いたいことがある）という言葉を使いました。この表現はかなり強く直接的であるため、何かとても悪いことを言われるのではないか、と相手に警戒心を抱かせてしまっています。その結果リオンさんは Is everything all right? と心配そうな反応を返しています。

②提案が脅迫になっている ✕

正さんは、Midia Coffeeとの合併を考えてみませんか、と提案するスタンスで伝えたつもりですが、had betterを使ったことにより、Midia Coffeeと合併しなければ大変なことになる、という脅迫じみたニュアンスになってしまいました。〈had better＋動詞の原形〉は、「〜すべきだ」と訳されますが、緊急時など非常に深刻な状況で使われる表現です。クレジットカードを紛失した人に「今すぐカード会社に連絡しないと大変なことになるよ」と伝えるのであれば問題ありませんが、今回のような文脈で使うと、相手をとても驚かせてしまいます。

③理由が不十分 ✕

合併という、かなり重大な話題を提案するにしては、理由の情報量が少なく、簡潔過ぎる印象を与えてしまいます。提案をする場合には、相手側にメリットが十分に伝わる理由を伝え、納得してもらうことが大切です。

これが「提案」の構成要素だ！

提案の目的は、相手にとって有益だと思われることをアドバイスし、受け入れてもらうことです。元々は善意からの行動ですが、提案内容によっては相手の現状を否定してしまったり余計なお世話と思われたりして、相手に不快な気持ちを持たれる危険性もあるため、表現の選び方には十分注意が必要です。

提案の3要素

① 前置き　② 提案　③ 理由

①→②→③あるいは①→③→②のシンプルな構成になる場合がほとんどです。

では、構成要素それぞれを代表する例文を以下に整理します。

① 前置き

MP3 041

伝えたいことや提案したいことがある、という気持ちを表すサインを出しましょう。比較的カジュアルな前置きからかしこまった表現までさまざまです。こちらからではなく、相手の方から尋ねられて提案する際は、多くの場合で前置きは省略されます。

- **Do you have a moment to listen to my proposal?**
  （私の提案を聞いてもらう時間は少しありますか?）

- **I have an idea. / I've got an idea.**
  （いい考えがあります）

- **Can I suggest something?**
  （あること[もの]をお薦めしてもいいですか?）

- **I was thinking about** *the problem with the slow servers*.
  （スピードが遅いサーバーの問題について考えていたのですが）

- **There is[was] something I wanted to share with you.**
  (あなたと共有したかったことがある[あった]のですが)

❷ 提案

MP3 042

提案したい内容を伝えます。教科書で最初に習う**should**、**must**、**ought to**、**had better**などの助動詞を使った直接的な提案の表現は、英語ネイティブの会話ではあまり使われない傾向があります。少し柔らかい表現の**Let's ...**や**How about ...?**、**What about ...?**といった疑問文と、緩和表現（**just**、**probably**、**maybe**、**perhaps**など）を併用したものが一般的です。

- **Let's** *reschedule the meeting*.
  （ミーティングの日程を再調整しましょう）

- **Why don't you** *visit their office during your stay*?
  （滞在中に彼らのオフィスを訪問したらどう?）

- **Why don't we** *digitize all the archived material*?
  （アーカイブの資料を全てデジタル化した方がいいんじゃない?）

- **How[what] about** *setting up a dinner meeting next week*?
  （来週ディナーミーティングを設けるのはどうでしょう?）

- **I'd like to propose** *our new services to you*.
  （われわれの新しいサービスをご提案したいと思います）

- **I think we should** *talk to our clients in person rather than on the phone*.
  （顧客とは、電話よりも直接会って話すべきだと思います）

〈控えめな提案〉

- **I think it's worth** *try*ing.
  （試す価値はあると思います）

- *Moving the meeting to earlier* **may be a good idea.**
  （会議の時間を早めるのはいい案かもしれません）

- **You might want to** *check with management first*.
  (経営側とまず確認されたらどうでしょう)

- **I was thinking of** *using lighter material for our packages*.
  (パッケージにはもっと軽い素材を使った方がいいと思っていました)

〈間接的〉　※間接的に提案をほのめかす

- **Did you know** *they have a secret sale today*?
  (彼らが今日シークレットセールをやるのを知ってましたか？)

- **This** *app* **has really made** *my life easier*.
  (このアプリは、私の生活を本当に楽にしてくれましたよ)

- **I would** *try to meet them in person* **as soon as possible**.
  (私なら、できるだけ早く彼らにじかに会いに行くと思います)

❸ 理由

MP3 043

なぜ提案しているのか、その理由を伝えましょう。提案が相手にとって有益であることを具体的に示すのがポイントです。理由が状況説明に近いニュアンスを取ることもあります。必ずしもbecauseを使った表現にする必要はありません。

- **Because** *we might not have enough in our budget*.
  (われわれに予算が十分に無いかもしれないからです)

- **The reason why we suggest this is because** *it will save on our overhead*.
  (これをお薦めした理由は、経費を節約できるからです)
  ※フォーマルな表現。

【練習】構成要素それぞれの例文音声を聞きましょう。その後、スムーズに言えるようになるまで、声に出して読んでください。

「提案」の成功例を見てみよう

提案の構成要素は前置き、提案、理由と、とてもシンプルなものでした。その中で、相手との関係や話題によって表現の使い分けができるようになると良いですね。では、先ほどの正さんのケースで、適切な提案の仕方についてもう一度考えてみましょう。

Sample Case（p. 76再掲）

営業部の正さんは、戦略部のキーパーソンであるMs. Lyonに、会社の事業拡大戦略の1つとして、Midia Coffeeとの合併を提案したいと思っています。まずはアイデアを伝えてみようと思い、打ち合わせがあったついでに、話を切り出しました。

ここでもやはり「人間関係」と「話題」を考慮します。Ms. Lyonは他部門のキーパーソンであり、正さんが普段接している上司や同僚とは異なり「遠い」存在です。話題も他社との合併を提案、という非常に重大かつ繊細な内容ですね。従って、IRモデルの「D」に該当します。

正さんの置かれた状況：D

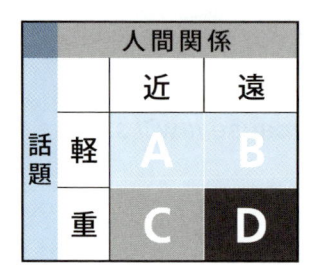

	人間関係 近	人間関係 遠
話題 軽	A	B
話題 重	C	D

Dの場合は、細心の注意が必要です。各構成要素の表現も、できるだけ直接的なものを避け、間接的に提案内容を伝えるように工夫してみましょう。

提案の成功例

Tadashi : 【前置き】Hello Ms. Lyon. I have something I wanted to discuss with you regarding the possible expansion of our company.
Ms. Lyon : All right. What's your idea?
Tadashi : 【提案】I was just thinking it would be a worthwhile idea to merge with Midia Coffee.
Ms. Lyon : Hmm.
Tadashi : Midia Coffee has a very loyal customer base. And 【理由】I think that if we could combine their brand name with our global distribution system then we would be able to increase both our profits.
Ms. Lyon : OK, not a bad idea. Do you think you can create a formal presentation by next week?
Tadashi : Yes. No problem.

正さん : こんにちは、リオンさん。わが社の拡大の可能性について、ご相談したいと思っていたことがございまして。
リオンさん : そうですか。どんなお考えですか？
正さん : Midia Coffeeとの合併というのが価値のあるアイデアになるのではないかとちょっと考えていたのです。
リオンさん : う〜ん。
正さん : Midia Coffeeは、忠実な顧客ベースを持っています。そしてもし彼らのブランド名とわれわれのグローバルな流通システムを組み合わせれば、双方の利益を増やすことができるのではないかと考えています。
リオンさん : 分かりました。悪い考えではないですね。来週までに正式なプレゼンテーションにしてもらうことできますか？
正さん : はい、問題ありません。

いかがですか？ 今回は相手に配慮し、緩和表現（I think、過去形、just、仮定法のwouldなど）を駆使して提案することができました。提案表現のI was just thinking it would be a worthwhile idea ...は失敗例のI want to tell you somethingとはニュアンスが大きく異なります。正さんの本来の意図に近づけることができたでしょう。また提案の理由も、端的ですが細かく要点を押さえ、相手がさらに詳しくプレゼンテーションで聞いてみたくなるような言い方にすることができました。

確認問題

ここまで学習した内容をおさらいしましょう。(解答例はp. 98。MP3ファイルには解答例の音声が収録されています)

1. 「提案」の構成要素を3つ全て挙げてください。

　　① _____　② _____　③ _____

2. 空所を埋めて文を完成させてください。 MP3 045

　①いい考えがあります。

　　I've g_ _ a_ i___.

　②あなたと共有したかったことがあったのですが。

　　T____ w__ s_____ I w_____ to s____ w___ you.

　③明日電話会議を設けるのはどうでしょう?

　　H_ _ a____ having a conference call tomorrow?

　④上司とまず確認されたらどうでしょう。

　　You m____ w___ t_ c____ with your boss first.

　⑤このプログラムは、私の生活を本当に楽にしてくれました。

　　This program has r_____ m___ my l___ e_____.

　⑥リソースが十分に無いかもしれないからです。

　　B_____ we m____ n__ have enough resources.

3. ①〜③ に語句を当てはめて、会話を完成させてください。状況を IR モデルで把握し、文法的に正しいかどうかに加え、人間関係・話題に見合った言い回しになっているかも考慮すること。

Case

あなたは、海外のクライアントであるMr. Kahnが、来月東京で開かれるセールスサミットに出張で来ることを知りました。Mr. Kahnはまだ滞在ホテルを見つけていないようです。あなたのオフィス近くにあり、自分でも数回行ったことがあるSior Excel Hotelを勧めてください。あなたは、氏がこのホテルを気に入ると思っています。

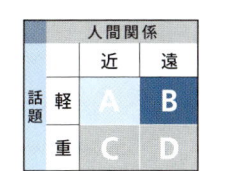

	人間関係	
	近	遠
話題 軽	A	**B**
重	C	D

You : I heard ___①___ the sales summit next month.
来月のセールスサミットのために東京にいらっしゃると伺いました。
①

Mr. Kahn : Yes, but I haven't found a hotel yet.
はい、でもホテルをまだ見つけていないのです。

You : Well, ___②___ near our office? ___③___ and I think you would like it a lot.
ええと、われわれのオフィスの近くにあるSior Excelホテルはいかがでしょうか？
②
私も何度か行ったことがありますが、きっととても気に入られると思います。
③

Mr. Kahn : Oh, sounds great. Thanks. I'll keep that in mind.
ああ、いいですね。ありがとうございます。覚えておきます。

英語らしい「提案」を徹底分析！

Case 1：スポーツジムに通いましょうよ！ （話題：軽）

A 仲の良い部下Shelleyに提案する（人間関係：近）

Ray　　：[前置き] Hey Shelly. I heard that you were looking for a new sports gym.
Shelly：Yes, actually I was.
Ray　　：Did you know that our company has a special contract with King Sports Gym?
Shelly：No, I didn't.
Ray　　：Yeah. Actually, [理由] all our employees can get 15 percent off their annual membership package. [提案] Why don't you give it a try?
Shelly：Sure, maybe I will. Thanks!

レイ　　　　：やあ、シェリー。新しいスポーツジムを探してるって聞いたんだけど。
シェリー：はい、実はそうなんです。
レイ　　　　：うちの会社がキングスポーツジムと特別な契約があるの、知ってた？
シェリー：知りませんでした。
レイ　　　　：そうなんだよ。実際、うちの従業員はみんな年間会員パックを15％オフにしてもらえるよ。試してみたら？
シェリー：はい、たぶんそうします。ありがとうございます！

軽い話題×近い人間関係なら、ストレートな提案も

　今回のケースではジムの話題を出して状況説明をしてから、[理由]→[提案]の順番で伝えています。ジムについての情報を先に伝えておくことも、提案への信頼感を増す要素ですね。また、相手が部下ということで比較的ストレートな表現(Why don't you ...?)が使われています。このぐらいの話題ならば、回りくどくない方が良い印象を与えるでしょう。

ここからは、会話にどのように「提案」の構成要素が組み込まれるのか、4つのサンプルケースを見ていきます。最初の2つは話題が軽いA、B、次の2つは話題の重いC、Dのケースです。

	人間関係	
	近	遠
話題 軽	A	B
重	C	D

B 上司Phoebeに提案する（人間関係：遠）

MP3 048

Phoebe : Do you know any nice sports gyms around here?
Ray : Actually, [提案] I'm a member of King Sports Gym, and I'm pretty happy with it. Plus, [理由] you can get 15 percent off their annual membership package.
Phoebe : Oh, really?
Ray : Yes, I can send you a link to their website.
Phoebe : Thanks. I appreciate it.

フィービー ： この近くでいいスポーツジムを知らない？
レイ ： 実は私はキングスポーツジムの会員でして、かなり気に入っていますよ。しかも年間会員パックは15％オフですよ。
フィービー ： あら、本当？
レイ ： はい、ウェブサイトへのリンクをお送りしますよ。
フィービー ： ありがとう。助かるわ。

「私も〜しています」でも十分な提案表現に

　相手が上司や関係性の遠い人の場合、自分の提案が押し付けがましく聞こえないように配慮できると良いでしょう。そのような時には間接的で、ほのめかすような表現で暗に提案する方法を考えましょう。今回は「自分も会員である」ということで「そのジムを良いと思っている、お薦めしたい」というニュアンスを表現しています。
　なお、今回のように相手から相談を持ちかけられている場合、前置きの表現は必要ありません。

Case 2：このアプリ、使ってみたら？　（話題：軽）

A　同僚Emmaに提案する（人間関係：近）

MP3 049

Emma：I can't seem to keep track of all the different train schedules in the morning. I'm always having to hurry to our different clients' offices. It's really exhausting.
Artie：Oh, yeah. 理由 I had that problem too until I started using the Travel Smart app on my phone. 理由 It's free, and 提案 I think it's really worth downloading.
Emma：Cool, thanks for the great tip. I will get it now!

エマ　　：私、朝のいろいろな電車の時刻スケジュールなんて把握しきれそうにないわ。だからいつもあちこちのクライアント先へと大慌てなの。本当に疲れちゃう。
アーティ：ああ、そうだよね。僕も同じ問題を抱えていたよ、自分の携帯でTravel Smartアプリを使い始めるまではね。無料だし、きっとダウンロードしてみる価値があると思うよ。
エマ　　：すごいわ、いいアドバイスをありがとう。すぐダウンロードしてみるわね！

自分の経験は提案理由として活用できる

　このケースでも相手の方から話題を振ってきたこともあり、前置き表現はありません。近しい間柄を反映して、理由 → 提案 というシンプルな形を取っています。大きな理由として自分の経験を伝える表現も非常に有効な方法です。また、その後に続くI think it's worth ...ingは「…する価値があると思う」という意味でよく使われる提案表現の1つです。覚えておいて活用してみましょう。

B 顧客 Mr. Bloom に提案する（人間関係：遠）

MP3 050

Miki : How is your trip so far, Mr. Bloom?
Mr. Bloom : Great so far, but the train system is a bit complicated. Everything is written in Japanese, so I'm often confused.
Miki : Oh, I'm sorry to hear that. However, if you have a smartphone, 提案 how about downloading this application called Travel Smart? 理由 It's very useful and it even has an English language option.
Mr. Bloom : Oh, thank you for the suggestion. You're a lifesaver!

ミキ ： ブルームさん、ご旅行はこれまでのところいかがですか？
ブルーム氏 ： 素晴らしいですよ。でも電車のシステムはちょっと複雑ですね。全てが日本語で書かれているので、よく戸惑います。
ミキ ： まあ、それはお気の毒に。でももしスマートフォンをお持ちであれば、この Travel Smart というアプリをダウンロードされてはいかがでしょうか？　とても便利で、英語の機能もありますよ。
ブルーム氏 ： ああ、お薦めありがとうございます。本当に助かるなあ！

相手の話を受け止め、提案につなげると丁寧

　顧客が日本の電車システムに困っているという状況を聞き、手助けとして便利なアプリを紹介するという状況ですね。提案という言語行為の直接の要素には含まれていませんが、今回のように相手の状況を受け止める表現 (Oh, I'm sorry to hear that.) も会話の中で役割を果たしています。いきなり提案するのではなく、状況を受け止めた上で相手の助けとなる提案につなげると、自然で丁寧な流れになります。提案の表現 How about ...ing?（…するのはどうですか？）は非常によく使うので、口をついて出るようにしておくと良いでしょう。

Case 3：業績評価の方法を見直すべし！　（話題：重）

C 同僚Ginaに提案する（人間関係：近）

MP3 051

Darrel : 前置き Hi Gina. I just had an idea about shortening the length of our annual performance review.
Gina : Oh, let's hear it.
Darrel : Well, 理由 a lot of workers have complained that it takes too long to complete. 提案 Why don't we get rid of the peer review section?
Gina : That's a good idea, but we probably should ask HR about that first.

ダレル ： やあ、ジーナ。年次の業績評価の長さを短縮することについて、ちょっと考えがあるんだけど。
ジーナ ： あら、聞かせて。
ダレル ： ええと、たくさんの従業員が（業績評価を）終わらせるのにすごく時間がかかるって文句を言っているんだ。相互評価のセクションを無くしちゃったらどうだろう？
ジーナ ： それはいい考えね。でもたぶん、まず人事に聞くべきね。

軽い相談のようなニュアンスなら直接的な提案も使える

　終わらせるのに時間がかかる年1回の業績評価のプロセスを短縮できないか、と提案する状況です。多くの従業員が不満に思っているから、という理由を述べた後に提案表現が続きます。話題は軽くはないですが、気心の知れた同僚に対してであることと、相手が直接行動を起こす立場ではないため、比較的直接的な提案表現であるWhy don't we ...?（…するのはどうだろう？）で様子をうかがうようなニュアンスを持たせています。

D 上司Jennyに提案する（人間関係：遠）

MP3 052

Darrel : 前置き Hi Jenny. I know you are busy now, but do you have a little time to talk about our annual performance review?
Jenny : Yes, sure.
Darrel : Well, 理由 a lot of workers feel that the review is taking a bit too long to finish and that it is using up valuable work time. 提案 To make it a little more efficient, I propose maybe eliminating the peer review section.
Jenny : Thank you for the suggestion. Let me discuss it with HR first and I'll get back to you.
Darrel : OK, that would be great!

ダレル　　：こんにちは、ジェニーさん。お忙しいとは存じますが、少しだけ、年次の業績評価についてお話しする時間はありませんか？
ジェニー　：いいですよ。
ダレル　　：ええと、従業員の多くが業績評価を終わらせるのに少々時間がかかり過ぎて、仕事の時間を取られていると感じています。もう少し効率良くするために、相互評価のセクションを削除することを提案したいと思いまして。
ジェニー　：助言ありがとう。この件はまずHRと話をさせてもらってから、またあなたに連絡するわね。
ダレル　　：はい、そうしていただけるとありがたいです！

現状の批判にならずに、改善提案のプラス効果を伝える

　業績評価の内容やプロセスを改善する、という重い話題を忙しい上司に対して提案する場合には、相手の様子に気を配り、工夫して伝える必要がありますね。今回は前置きで、I know you are busyと忙しい相手に対する配慮を見せ、それから話題 (annual performance review) に触れています。まずは耳を傾けてもらえる空気作りが大切です。次に理由の表現が続きますが、これは客観的な状況説明に近い内容で、提案の背景に当たります。その上「より効率的にするために」と前向きさを出しながら提案することで、相手に反感を持たれること無く、はっきりと意見を伝えることができています。proposeは提案だとはっきり伝わる動詞ですが、maybeという緩和表現を入れることで、控えめなニュアンスを加えています。このような緩和表現を自然に入れられるようになると良いですね。

Case 4：売れ筋に注力しませんか？　（話題：重）

C 仲の良い上司Claireに提案する（人間関係：近）　MP3 053

Artie　：　[前置き] Do you have a moment to talk about our product line?
Claire：　Yeah, sure thing.
Artie　：　You know, [理由] our home items have not been performing so well since last year. [提案] I was thinking of focusing more on our top-selling products, and eliminating others like our home products.
Claire：　Actually, I was thinking the same thing. Let me bring it up at our next board meeting and I'll let you know what people think.

アーティ　：　われわれの製品ラインについて少し話す時間はありますか？
クレア　　：　いいわよ。
アーティ　：　ご存じのように、われわれのホームアイテムは昨年からあまり業績が振るいません。最も売れている製品に注力してホームアイテムのようなものを打ち切るのはどうかと考えていました。
クレア　　：　実は、私も同じことを考えていたの。次回の役員会議にかけてみて、皆がどう考えているのかあなたに知らせるわね。

話題の重さと人間関係のバランスを取りながら言葉を選ぶ

　仲の良い上司に対する提案のため、全体的にフレンドリーさを出しつつ、提案内容の重さに見合った間接的な言葉を選んでいます。
　今回のケースでは、2人が仕事上近しい間柄であり、お互いに不振な製品ラインについて状況を共有できているため必要ありませんが、関係性の遠い相手で共通の状況認識が無い場合には、より具体的な理由やそれを裏付ける情報の提示などが求められます。

D 営業部長 Ms. Kingに提案する（人間関係：遠）

Artie : 前置き Hello Ms. King. Do you have a moment to listen to a proposal I have?
Ms. King : Yeah, I have some time now. Let's hear it.
Artie : 提案 I was wondering if we should consider eliminating some of our underperforming products in favor of our better-selling ones. 理由 I think that our poor-selling home items are hurting our net profits.
Ms. King : I see. However, before I make any decision, could you send me a detailed sales report of all our items from last year?
Artie : Yes, I can get that to you by tomorrow.

アーティ ： こんにちは、キングさん。私が考えている提案を聞いていただくお時間は少しありませんか？
キングさん ： いいですよ。今なら時間が少しあります。聞きましょう。
アーティ ： いくつかの業績不振の製品ラインを廃止して、より売り上げの大きい製品を優先したらどうかと考えていたのです。売上不振のホームアイテムが営業利益に影響していると思います。
キングさん ： 分かりました。しかし、いかなる決定をするにしてもその前に、昨年のわれわれの全ての製品の詳細な売上報告書を送ってもらえませんか？
アーティ ： はい、明日までに準備します。

関係が遠い場合は語彙のレベルも上がり、硬い表現に

　語彙が全体的に「硬い」ことに気が付いたでしょうか。同じ内容でも営業部長への提案ということで、自分の直属の上司に対するものよりも厳格に聞こえる語彙を使っています。underperforming products、in favor of ...といったところですね。
　前置き → 提案 → 理由 の順で話を進めましたが、この場では相手が十分な理由と感じるに足らなかったため、判断の材料として追加情報の提出を求められています。提案は必ずしもすぐに通ることばかりではありませんから、まずは相手に関心を持ってもらうことができれば成功と言えるでしょう。

実戦トレーニング

MP3 055 ～ MP3 058

それぞれのケースについて、自分なら何と言うか考えてしゃべってみましょう。あなたのセリフの内容は、アイコンで指定されている要素を満たすようにすること。（解答例はp. 98。MP3ファイルにはCase 1～4の解答例の音声が収録されています）

Case 1：Ash Hotelをキックオフの会場に使うのはどう？

あなたはキックオフミーティングの会場を見つけられずにいる同僚のBobに、Ash Hotelを勧めようと思います。以前そのホテルで開かれたカンファレンスに行き、良い場所だと思ったからです。Bobに勧めてみましょう。

	人間関係	
	近	遠
話題 軽	A	B
重	C	D

You : 〔前置き〕

Bob : No, I can't seem to find any good venues for it.
いいや、どうも良い会場が見つからなくて。

You : 〔提案〕＋〔理由〕

Bob : I've heard of it before. Let me check it out. Thanks!
それ以前聞いたことあるなあ。チェックしてみるよ。ありがとう！

ここまで、たくさんのケースを見てきましたが、「人間関係」と「話題」に応じた提案表現の使い分けをイメージできましたか？ 最後に、実践の場を意識した応用練習をしてみましょう。

Case 2：採用情報をもう少し詳しくしては？

あなたは、自社の採用ページに載っている職務説明が少しあいまいなことに気付きました。応募者が勘違いをしないように、HRディレクターのPhilに、もう少し詳しい情報を追加することを勧めたいと思います。

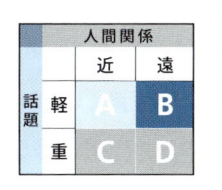

	人間関係	
	近	遠
話題 軽	A	**B**
重	C	D

You : 前置き

Phil : Yeah, come on in.
いいですよ。お入りください。

You : 理由 ＋ 提案

Phil : Thanks for bringing that to my attention. I'll pass this message along to our team and they'll make the necessary changes.
気付かせてくれてありがとう。このことを私のチームに伝えますので、彼らが必要な変更をするでしょう。

You : お礼

実戦トレーニング

Case 3：お薦めの人材がいます。面接してみませんか？

あなたには、現在自部門で募集しているライセンシングマネジャーのポジションにぴったりの仲のいい知人がいます。彼は5年を超えるライセンス事業の経験を持っていて、既にこの求人に対して履歴書も送っています。彼を面接するよう、上司Connorに勧めてみてください。

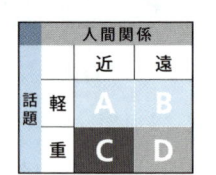

	人間関係	
	近	遠
話題 軽	A	B
重	C	D

You ： 前置き

Connor ： Yes, of course.
ああ、もちろん。

You ： 理由 ＋ 提案

Connor ： Oh, could you give me his name? I'll see if he has the right experience and qualifications.
そうか、彼の名前を教えてくれる？ 彼に適した経験や資格があるか見てみるよ。

Case 4：アジェンダを早めに共有しませんか？

あなたは、毎週開かれる会議に多くの社員が準備不足で参加している状況を改善したいと思っています。ちゃんとみんなが準備をして臨むよう、少なくとも会議の3日前にはミーティングのアジェンダを送るようにする提案を、事業部のトップであるMr. Jordanにしてください。

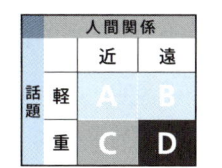

	人間関係	
	近	遠
話題 軽	A	B
話題 重	C	D

You ： 〔前置き〕

Mr. Jordan ： Absolutely, what is it?
もちろん。何かな？

You ： 〔理由〕＋〔提案〕

Mr. Jordan ： That sounds like an excellent idea. I'll make an announcement about it, so can you make a draft for me to send to everyone?
それは非常にいい考えだね。そのアナウンスをするから、みんなに送る内容のドラフトを作ってくれる？

You ： 〔承諾〕

解答例

確認問題 (p. 84)

1. ①前置き ②提案 ③理由

2. ① got an idea ② There was something、wanted、share with
   ③ How about ④ might want to check ⑤ really made、life easier
   ⑥ Because、might not

3. ① you're visiting Tokyo for ② how about Sior Excel Hotel
   ③ I've been there a few times

実戦トレーニング (p. 94)

Case 1

You： [前置き] Hey Bob. Have you decided on a place to hold the kickoff meeting yet?
Bob： No, I can't seem to find any good venues for it.
You： That's what I heard. So, [提案] I was thinking of Ash Hotel. [理由] I have been to conferences there before and I think that it would be a great place to have the meeting.
Bob： I've heard of it before. Let me check it out. Thanks!

あなた： ねえ、ボブ。キックオフミーティングを開催する場所、もう決めた？
ボブ： いいや、どうも良い会場が見つからなくて。
あなた： そう聞いたのよ。それで、Ash Hotelはどうかなと思っていたの。以前カンファレンスに行ったことがあるんだけど、キックオフミーティングには最適な場所じゃないかと思って。
ボブ： それ以前聞いたことあるなあ。チェックしてみるよ。ありがとう！

［解説］比較的近い関係にある2人ですが、自分から話を切り出したため、押し付けがましくなり過ぎないよう、提案表現はI was thinking of ...という、少し間接的な形になっています。「候補の1つとして」、「参考までに」といったような少し控えめなニュアンスが感じられます。

Case 2　MP3 056

You : 前置き Hi Phil. Do you have a bit of time to talk about the hiring information page on our website?
Phil : Yeah, come on in.
You : I was taking a look at it this morning, and 理由 I feel that our job description is a little bit vague. So 提案 how about adding a little bit more detail to avoid any confusion with our applicants?
Phil : Thanks for bringing that to my attention. I'll pass this message along to our team and they'll make the necessary changes.
You : お礼 Thank you.

あなた ： こんにちは、フィルさん。ウェブサイトの採用情報のページについて少しだけ話す時間は無いでしょうか？
フィル ： いいですよ。お入りください。
あなた ： 今朝サイトを見ていたのですが、われわれの職務説明がややあいまいに感じられます。なので、応募者の勘違いを防ぐために、もう少し詳細を加えたらいかがでしょう？
フィル ： 気付かせてくれてありがとう。このことを私のチームに伝えますので、彼らが必要な変更をするでしょう。
あなた ： ありがとうございます。

［解説］単なる提案の後ろに、目的を表すto不定詞をつなげています。このように文を長くして自分の提案に説得力を追加するのはよく使われる方法です。in order to ... や、so that ... などでも表現できます。

Case 3　MP3 057

You　　 : 前置き Hi Connor. Can I talk to you quickly about the new job posting?
Connor : Yes, of course.
You　　 : I know someone very close to me that would be the best candidate for the licensing manager position. 理由 He has over five years of experience in the licensing business at a major fashion company.
　　　　 提案 He has already sent in his CV, so you might want to consider him for an interview.
Connor : Oh, could you give me his name? I'll see if he has the right experience and qualifications.

解答例

あなた ： こんにちは、コナーさん。新しい求人案件についてちょっとだけ話せますか？
コナー ： ああ、もちろん。
あなた ： 私の仲のいい人で、ライセンシングマネジャーの職にぴったりの候補者を知っているんです。彼には大手ファッション会社で、ライセンス事業で5年を超える経験があります。既に履歴を送ったそうなので、彼への面接の機会を検討してもらえたらと思って。
コナー ： そうか、彼の名前を教えてくれる？　彼に適した経験や資格があるか見てみるよ。

[解説] you might want to は、学校教科書ではあまり取り扱われない表現かもしれませんが、実際の会話では実に頻繁に使われています。「したらいいかもしれないですよ」というニュアンスの間接的な提案表現の1つですので、ぜひ覚えておいてください。

Case 4　MP3 058

You ： [前置き] Hi Mr. Jordan. Can you spare a moment to discuss something related to our weekly meetings?
Mr. Jordan ： Absolutely, what is it?
You ： Well, [理由] many workers are coming into the meetings a little unprepared. [提案] I'd like to propose sending out an agenda memo at least three days in advance to everyone to let them prepare beforehand.
Mr. Jordan ： That sounds like an excellent idea. I'll make an announcement about it, so can you make a draft for me to send to everyone?
You ： [承諾] Absolutely. I'll get on it right away.

あなた ： こんにちは、ジョーダンさん。私たちのウィークリーミーティングに関して一瞬お話しする時間いただけますか？
ジョーダン氏 ： もちろん。何かな？
あなた ： ええと、多くの社員がミーティングに準備不足で参加しています。事前に参加者に準備をさせるために、少なくとも3日前までに全員に対してアジェンダを送ることを提案させていただきたいのです。
ジョーダン氏 ： それは非常にいい考えだね。そのアナウンスをするから、みんなに送る内容のドラフトを作ってくれる？
あなた ： もちろんです。すぐにやります。

[解説] I'd like to propose は丁寧でありながら、硬いニュアンスで提案の意思が伝わる表現です。関係性が遠い人に対して、オフィシャルに伝えるのに適しています。逆に軽い話題や、身近な同僚に使うと硬過ぎる印象になってしまうこともあるので注意しましょう。

第 4 章

断り

人からの依頼、提案などを断るというネガティブな行為は事の大小を問わず難しいことです。相手にマイナスの印象を与えること無く、誠実さの伝わる断り方を身に付け、ビジネス上のコミュニケーションを円滑に進める方法を考えていきましょう。

日本人の「断り」はなぜ失敗するのか？

第4章では、誘いや依頼などを「断る」時の言語行為を扱います。声を掛けてくれた相手の気持ちに配慮しつつも相手にとって好ましくないことを伝えるためには、どのような構成要素と表現を使えば効果的でしょうか？　さっそく見ていきましょう。

Sample Case

営業部の正さんは、上司 Mr. Raymond から近々開催される社内の懇親会に誘われました。正さんは、たくさんの業務を抱えていて、その会に参加することが到底できそうにありません。

Mr. Raymond

Hi Tadashi. There is a company get-together this Thursday night. Why don't you come along?
（やあ、正。今週木曜日の夜に会社の懇親会があるんだけど。私と一緒に行かないかい？）

正さん

I'm sorry, but that's impossible ...
（ごめんなさい、でも無理です…）

Mr. Raymond

Why is it impossible for you?
（なぜ無理なんだい？）

正さん

> I have a lot of work. Sorry ...
> （仕事がたくさんあるんです。すみません…）

Mr. Raymond

> Are you sure you don't want to come? Actually, I think everybody is as busy as you are, but they're still coming.
> （本当に来たくないんだね？　実際のところ、皆も君と同じぐらい忙しいと思うが、それでも彼らは来るんだけどね）

Mr. Raymondは、若干皮肉交じりのセリフを言って残念そうな顔で行ってしまいました。正さんが言ったことを日本語に訳すと、「ごめんなさい、無理です…仕事がたくさんあるんです。すみません…」と断りの際にはありがちな表現のようにも感じられますね。では、何がいけなかったのでしょうか。

断りが失敗に終わった理由

① 誘いに対する感謝、肯定的な意思表示が無い ✗

I'm sorryと言って、まず謝罪の気持ちは伝えていますが、誘ってくれたことへのお礼や、できるなら参加したい、という肯定的な気持ちが全く表れていません。そのため、「行けない」のではなく、「行きたくない」のだと思われてしまったかもしれません。Thank you for the invite.（お誘いありがとうございます）、あるいはI would love to, but ...（ぜひ伺いたいのですが…）といった表現が含まれていたらそれほど気まずい雰囲気にならなかったかもしれません。

② 無理、不可能＝impossibleは大げさ ✗

正さんは「参加は無理です」をそのまま伝えようとThat's impossible. と言ってしまいました。文法的には誤りではありませんが、impossible（不可能だ、あり得ない）は、この状況で使うにはあまりに大げさに聞こえます。何だか仰々しいな、という印象から、相当行きたくないかのようにも聞こえます。

③ 代案、埋め合わせが無い ✗

英語では何かを断る際に、礼儀として「次回はきっと」など、何らかの代案を示すことが多いとされています。例えば、**I'll go next time.**（次回は行きます）、**Maybe next time.**（また次回にでも）などの表現を最後に加えることで、気まずい空気を和らげ、前向きに会話を終わらせることができます。ネガティブな余韻を残さずに会話を終わらせることを心掛けましょう。

これが「断り」の構成要素だ!

相手との関係を良好に保ったまま言いづらいことを伝えるためには、慎重に言葉を選ぶ必要があります。まずは断りを構成する要素を確認しましょう。

断りの5要素

① 感謝・肯定　　**② 残念な気持ち**

③ 断り　　**④ 理由**　　**⑤ 代案**

断りの構成要素は、上の全てを含めるというより、状況に応じて必要なものを組み合わせる傾向にあります。例えば、①②は状況に応じてどちらか1つだけを使っても良いでしょう。また、「誘い」「依頼」「提案」など、何に対する断りかによっても構成要素は異なります。ただし、どんなケースにも欠かせないのは④です。断る理由をしっかり述べることで、③の直接的な表現を省略することもあります。

では、構成要素それぞれを代表する例文を以下に整理します。

① 感謝・肯定

MP3 059

誘いや提案自体には感謝していることを伝えたり、頼まれたことに対してできるならやりたいという肯定的な気持ちを表したりするのが英語らしい話し方です。日本語では何かにつけて、「すみません」や「ごめんなさい」を口にすることが多いため、英語でも I'm sorry を必要以上に使ってしまうようですが、それはあまり好ましくありません。

- **I'd love to come, but[however]** *I have plans tonight.*
  (ぜひ伺いたいのですが、今夜は予定がありまして)

- **Thank you for asking, but** *I don't think I can make it this time.*
  (誘っていただいてありがとうございます、ただ今回は無理そうです)

- **Thanks for the offer, but** *it's a bit over our budget.*
  (ご提案ありがとうございます、ただちょっとわれわれの予算を超えています)

- **That sounds awesome[lovely], however** *I'll be out of town on business that week.*
  (それはすごそう[素敵そう]ですが、その週は出張で不在なのです)

- **I appreciate your invitation, but** *I'm afraid I can't attend.*
  (お誘いに感謝しますが、あいにく出席できません)

❷ 残念な気持ち　MP3 060

誘ってくれたこと、あるいは頼まれたことに応えられなくて残念な気持ちを述べます。「断る」という行為だけでなく、気持ちを併せて伝えることが大切です。

- **I'm sorry, but[however]** *I can't do that.*
  (残念ですが、それはできかねます)

- **I wish I could,** *however I'm not fully recovered yet.*
  (できたらいいのですが、まだ体調が完全に回復していないのです)

- **I'd definitely** *go* **if I didn't have** *other plans.*
  (他に予定が無かったら絶対行くのですが)

- **Unfortunately,** *our company has already decided to discontinue the contract.*
  (残念ながら、わが社は既にその契約の打ち切りを決めています)

❸ 断り　MP3 061

物理的、能力的にできない、またはその気が無いことを伝えます。状況によっては、❹理由 を述べるにとどめ、直接的に断る表現を割愛する例も多く見られます。

- **I can't go.** （行けません）

- **I won't be able to** *attend.* （参加できません）

- **I don't think I can.** （できないと思います）

- **I'm afraid I can't.** （あいにくできかねます）

❹ 理由

断る理由を述べます。断る以上、相手が納得するような十分な理由（時には言い訳となってしまうこともあります）を伝える必要があります。この要素はまず省略できないと考えましょう。

- **I'm going to** *a conference*.
  （会議に行くのです）
- **I have a** *doctor's* **appointment.**
  （医者の予約がありまして）
- **I have to**[need to] *finish the report by tomorrow*.
  （明日までにレポートを終わらせなければならないのです）
- **I will** *be out of the office until next Monday*.
  （来週月曜日までオフィスにはいないのです）

❺ 代案

誘いや依頼に対して応えられない時、埋め合わせや代案を提示することもよくあります。ただし、今後につなげたくない場合は、無理に埋め合わせや代案を示す必要はありません。逃げ道的な表現も覚えておくと良いでしょう。

- **How about** *next week*?　（来週はどう？）
- **Maybe some other time.**　（またの機会にでも）
- **Please** *invite me again* **next time.**　（次回また誘ってください）
- **Ask me if you plan on doing it again.**
  （もしまた計画されるようなら誘ってください）

練習　構成要素それぞれの例文音声を聞きましょう。その後、スムーズに言えるようになるまで、声に出して読んでください。

「断り」の成功例を見てみよう

断りの構成要素を理解したところで、先ほどの正さんのケースを、より適切な断りにするにはどうしたら良いか考え直してみましょう。

Sample Case (p. 102再掲)

営業部の正さんは、上司 Mr. Raymond から近々開催される社内の懇親会に誘われました。正さんは、たくさんの業務を抱えていて、その日の会に参加することが到底できそうにありません。

「人間関係」と「話題」の重さを考えましょう。上司との関係は「遠い」、社内の懇親会を断るという話題は比較的「軽い」と判断できますので、IRモデルの「B」に該当します。

正さんの置かれた状況：B

	人間関係 近	人間関係 遠
話題 軽	A	B
話題 重	C	D

断りの構成要素をうまく使って言い直した、正さんのケースの成功例を見てみましょう。

断りの成功例

MP3 064

Mr. Raymond : Hi Tadashi. There is a company get-together this Thursday night. Why don't you come along?
Tadashi : [肯定] I'd love to go, but [理由] I have some work to do on that day. [代案] I'll try to go next time.
Mr. Raymond : Oh, OK, not to worry.

レイモンド氏 ： やあ、正。今週木曜の夜に会社の懇親会があるんだけど。私と一緒に行かないかい？
正さん ： ぜひ伺いたいのですが、その日は仕事がありまして。次回は行きたいと思います。
レイモンド氏 ： そうか、なら仕方ないね。

構成要素のうち、[肯定] [理由] [代案] の3つを使って断りを入れました。シンプルですが理由をしっかり述べていますので、Mr. Raymondもそれなら仕方ないと判断するわけです。今回は、impossible（不可能な）といった極端な表現を使うこと無く、社会人らしく誘いを断ることができましたね。

確認問題

ここまで学習した内容をおさらいしましょう。（解答例はp. 124。MP3ファイルには解答例の音声が収録されています）

1. 「断り」の構成要素を5つ全て挙げてください。

    ①_____ ②_____ ③_____ ④_____ ⑤_____

2. 空所を埋めて文を完成させてください。 MP3 065

    ①ぜひ伺いたいのですが、明日は予定がありまして。

    I'd love to c___, but I h___ p____ tomorrow.

    ②誘っていただきありがとうございます、でも今回は無理そうです。

    Thank you for a_____, but I don't think I can m___ i_ this time.

    ③他に約束が無かったら絶対行くのですが。

    I w____ de_____ g_ if I didn't have a_____ appointment.

    ④あいにくそれはできかねます。

    I'm a_____ I c___ do that.

    ⑤来週はどう？

    H__ _____ next week?

    ⑥またの機会にでも。

    Maybe s___ o____ time.

3. ①〜③に語句を当てはめて、会話を完成させてください。状況を IRモデルで把握し、文法的に正しいかどうかに加え、人間関係・話題に見合った言い回しになっているかも考慮すること。

Case

あなたは仲の良い同僚 Mie から、明日社内で行われる講演会に誘われます。しかし、明日、あなたは出張でオフィスを不在にするので参加できません。

	人間関係	
話題	近	遠
軽	A	B
重	C	D

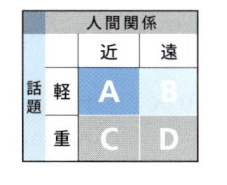

Mie : Hey Artie. I heard that the CEO of Mobby Sound will be speaking here tomorrow afternoon. Do you want to go with me?
ねえ、アーティ。明日の午後モビーサウンド社のCEOがここで講演するって聞いたんだけど、一緒に行かない?

You : ____①____ , but ____②____ . ____③____ tomorrow.
面白そうだけど、行けないんだ。明日はオフィスにいない予定でね。

Mie : That's too bad. I'll let you know how it goes.
それは残念。どうだったか教えるね。

You : Thanks!
ありがとう!

英語らしい「断り」を徹底分析!

Case 1：せっかくのランチのお誘いだけど… （話題：軽）

A 仲の良い同僚Artieに断る

MP3 067

Artie ： Hey Jackie. Do you want to go to the new Thai restaurant for lunch with us?
Jackie ： 残念 Sorry, but 断り I can't. 理由 I have to finish this program by this afternoon. If I don't I'll have to work on it over the weekend.
Artie ： OK, maybe next time then.
Jackie ： 代案 Sure. Enjoy your lunch!

アーティ ： やあ、ジャッキー。新しいタイ料理屋さんへランチに行かない？
ジャッキー ： ごめん、でも無理なの。午後までにこのプログラムを終わらせないといけなくて。もしできないと、週末ずっとこれに取り組まなくちゃいけないの。
アーティ ： 分かった、じゃ次回ね。
ジャッキー ： ええ。ランチ楽しんできてね！

距離感が近い場合は、丁寧過ぎると逆効果

　仲の良い同僚からの誘いということで、あえて率直であまり丁寧になり過ぎない断り方を使っています。毎日顔を合わせるような仲の良い相手に対して丁寧過ぎる表現を使うと逆効果であることも覚えておきましょう。例えばI'd love to, but I'm afraid I can't. （ぜひとも行きたいのですが、あいにく行けないのです）などと答えると、相手に急に距離を感じさせてしまいます。
　ただし、どんなに仲が良くても、相手が納得するように理由は必ず述べるようにしましょう。今回は、相手が先にOK, maybe next time then.と言ってくれているので、代案についてはそれに乗る形で答えるだけでも十分でしょう。

ここからは、会話にどのように「断り」の構成要素が組み込まれるのか、4つのサンプルケースを見ていきます。最初の2つは話題が軽いA、B、次の2つは話題の重いC、Dのケースです。

	人間関係	
話題	近	遠
軽	A	B
重	C	D

B 訪問中の顧客 Mr. White に断る

MP3 068

Mr. White : Anne, why don't we go for a quick lunch if you're free after this meeting? There is a new Italian restaurant which I really recommend.

Anne : [残念] Sorry, [肯定] I'd love to join you, but [理由] I have to meet with another client across town after this. [代案] How about next week after we meet again?

ホワイト氏 ： アン、このミーティングの後もし空いていたらランチに行きませんか？ とてもお薦めの新しいイタリア料理店があるんです。
アン ： ごめんなさい、ぜひ行きたいのですが、この後は街の向こうで別の顧客に会わなければいけないんです。来週またお会いした後はいかがですか？

関係性の遠い相手には断りの理由を具体的に

　ランチの誘いですから重大な話ではありませんが、今回は相手が顧客ということで、多少気を使って丁寧な表現で答えています。まず残念な気持ち、そして誘いを肯定する意思を伝えた上で、直接的に断る表現は使わずに理由を述べています。このような断り方の場合、この理由がかなり具体的である点が重要です。今回であれば次の顧客と会う場所の情報まで含めています。相手が状況を想像できるくらい具体的に伝えることで、誘いに応じられない理由の信憑性を上げる効果があります。

　逆に、日本語の「ちょっとばたばたしていまして」という感覚でI'm busy.とだけ伝えると、相手に関心が無い、相手をあまり大事に考えていないと暗に伝えてしまうことになりかねません。関係性が「遠い」場合は、特に注意して、ある程度具体的な理由を述べるようにしましょう。

Case 2：追加の業務は受けられません！（話題：軽）

A 仲の良い同僚Sarahに断る（人間関係：近） MP3 069

Sarah : Hey Kevin. Do you think you could help me finish my PowerPoint for tomorrow's presentation?
Kevin : Oh, [残念] I wish I could, but [理由] I have to finish my own sales report by tomorrow. [代案] Have you asked Jack yet? He might be able to help you.
Sarah : Not yet, but I guess I can do that.
Kevin : OK, good luck with your presentation!
Sarah : You too!

サラ ：ねえ、ケビン。明日のプレゼン用のパワーポイントを仕上げるのを手伝ってくれないかしら？
ケビン：できたらいいんだけど、僕自身の明日締め切りのセールスレポートを終わらせなくちゃいけないんだ。ジャックには聞いてみた？　彼なら手伝えるかもしれない。
サラ ：まだだけど、聞いてみようかな。
ケビン：うん、プレゼンテーション頑張って！
サラ ：あなたもね！

お互いに尊重し合い、前向きな会話で収束させる

　このケースも比較的親しい間柄の人から、そこまで重要度の高くない内容の依頼を受けて断る状況なので、率直でシンプルな表現が使われています。I wish I couldの中に「(したいけれど)できない」というニュアンスが含まれているので、あらためて直接的な断りの発言をせずとも断っていることが伝わります。
　この場合も断る以上は理由を詳しく述べる必要があります。「今ちょっと忙しいので」などの抽象的な表現は避け、期限付きのセールスレポートがあると具体的に説明していました。また代案として、Jackという別の人が手伝ってくれるかもと言っています。締めくくりはGood luck with your presentationと会話を前向きにしたところで終わらせているのが、英語らしいですね。

B 上司 Maryに断る（人間関係：遠）

MP3 070

Mary: Hi Luke. Do you have a second?
Luke: Sure. What can I help you with?
Mary: I was working on the PowerPoint slides for tomorrow's presentation. I don't think I'll be able to finish the last part. Do you think you can help me complete the rest of them?
Luke: 【肯定】 I'd be happy to help you, but as you know, 【理由】 I have to finish my own sales report by tomorrow, and 【断り】 I don't think I can allocate time to both projects.
Mary: That's all right. I'll just ask someone else.
Luke: Thanks for understanding.

メアリー ：	ねえ、ルーク。一瞬いい？
ルーク ：	もちろんです。どうされましたか？
メアリー ：	明日のプレゼン向けにパワーポイントのスライドを作っていたんだけど、最後の部分を終わらせることができないだろうと思うの。残りの部分を仕上げるのを手伝ってくれないかな？
ルーク ：	喜んでお手伝いしたいところなのですが、ご存じの通り、私自身の明日締め切りのセールスレポートを終わらせないといけなくて、両方のプロジェクトに時間を割くことはできそうにありません。
メアリー ：	大丈夫よ。他の人に聞いてみるから。
ルーク ：	ご理解いただきありがとうございます。

断りの表現も間接的にすると丁寧さが伝わる

　相手が上司という関係上、断る際の言葉選びが同僚よりは少し慎重になりますね。「できるなら喜んで引き受けたい」という肯定的な気持ちを表すI'd be happy to help youといった表現を自然に言えるようになりたいですね。

　今回も理由を述べてから断っていますが、I can't allocate time to both projectsと直接的に言うのではなく、I don't think I canという間接的な否定の言葉を使いよりソフトに伝える工夫をしています。

　最後に言っているThank you for understanding.は、相手にとって不都合なことを知らせた後によく使われる表現です。使えるようにしておきましょう。

Case 3：せっかくの海外赴任の打診だけど… （話題：重）

C 仲の良い上司 Stan に断る（人間関係：近）　MP3 071

Stan　　：Hi Megan. Thanks for stopping by. So, the head of the marketing department contacted me and asked me to choose a good candidate to head our new branch in Singapore. And I thought you would be great for the position. What do you think?

Megan：Wow, [感謝] thank you for choosing me. [肯定] That sounds amazing, but to be honest, [理由] Jim has just started a new job here. I'm not sure if he would be OK with relocating so soon. [代案] Could I discuss it with him first?

Stan　　：Absolutely. But could you let me know by Friday?

Megan：Sure, thank you.

スタン　　：やあ、ミーガン。立ち寄ってくれてありがとう。さて、マーケティング部のトップが連絡してきて、新しいシンガポール支社を率いてくれそうな候補者を選んでほしいと言ってきたんだ。それで君ならそのポジションにふさわしいと思ったのだけど、どうかな？
ミーガン　：まあ、私を選んでくださってありがとうございます。素晴らしいと思うのですが、正直言いますと、ジム（ミーガンの夫）がこちらで新しい仕事を始めたばかりなのです。彼にとって、そんなにすぐに転居するのが大丈夫なのか分かりません。まずは彼と相談させてもらえますか？
スタン　　：もちろん。でも金曜日までに知らせてもらえるかな？
ミーガン　：はい、ありがとうございます。

その場での回答を「断る」こともある

　海外転勤のオファーはとても大きな決断です。仲の良い上司からの提案でも、言葉を選び、慎重に判断したいところです。このケースでは正式な回答をこの場では避けています。回答を待ってもらう＝その場で決めることを「断る」会話でした。話題が重いだけに、感謝と肯定的な気持ちを表す構成要素が2つとも使われ、相手への配慮が感じられます。

　また、理由として夫の仕事の話もかなり具体的に伝えています。この場合、上司が親しいことから夫の名前や職業について一定の共通認識がある前提で話しています。北米の文化圏では、親しい間柄の場合、上司に対してもStanなどとファーストネームで呼び合うのはごく普通です。また日本と比べ、職場でも家族のことを同僚とよく話すため、既に夫の名前を上司が知っていることも十分に考えられる状況です。

D 事業本部長Mr. Edgarに断る（人間関係：遠） MP3 072

Mr. Edgar : Megan, your work so far has been very impressive. So much so that I'd like to offer you a position heading our branch in Singapore. I think this would be a great opportunity for you.

Megan : Hmm, 肯定 that sounds like an amazing offer. But 断り I don't think I can make a decision right now. 理由 My husband just recently got settled at his new company here, and I don't think he will be open to relocating so soon. 代案 I'll need to discuss it with him first.

Mr. Edgar : Of course, I understand. But could you let me know maybe by Friday?

Megan : Absolutely, thank you.

エドガー氏 ： ミーガン、ここまでの君の業績はとても素晴らしい。本当にそうなので、われわれのシンガポール支店を率いるポジションをオファーしたいと思う。君にとってもいい機会になると思うのだが。
ミーガン ： うーん、それはとてもありがたいお申し出です。ただ今すぐに決めることはできそうにありません。私の夫は最近こちらで新しい仕事に就いたばかりでして、彼がそうすぐに転居ができる状態になるとは思えなくて。まずは彼と話し合う必要があります。
エドガー氏 ： もちろん、理解するよ。金曜日くらいに知らせてもらえるかな。
ミーガン ： もちろんです、ありがとうございます。

語彙や表現の硬さを上げて、丁寧度をプラス

　こちらもその場での正式な回答を断る会話になっています。左ページの会話と比べても使われている構成要素にあまり違いはありません（肯定 → 断り → 理由 → 代案）。ただし、相手との関係性が遠いため、使われる表現がより硬くなっています。特によく表れているのが理由の説明で、仲の良い上司に対するものと比べて重く聞こえる表現になっています。夫をファーストネームでは呼んでいませんし、got settled at his new company、I don't think he will be open to relocating so soon.などと言ったりするなど、随所に気遣いが伺えます。

Case 4：出張日程の都合がつかなくて… （話題：重）

C 仲の良い上司 Steve に断る（人間関係：軽）

Steve: Hey Leah. There is a client who I'd like you to meet in Seoul next weekend. Do you think you can make the trip?
Leah: 肯定 I would love to go. However, 理由 that's the same weekend as my daughter's graduation commencement. 代案 Do you think we could change the date of the meeting?
Steve: Hmm, let me see what I can do.

スティーブ ： やあ、リア。来週末、ソウルで君に会ってもらいたい顧客がいるんだけど、出張できそうかな？
リア ： 行きたいところですが、その週末がちょうど娘の卒業式と重なっていまして。ミーティングの日にちを変えていただくことは可能でしょうか？
スティーブ ： うーん、何ができるか考えてみるよ。

家族との行事も断る理由の1つになる

　使われている構成要素は 肯定 理由 代案 ですね。直接的に I can't と言ってはいませんが、理由の説明から十分断っていることを感じ取ることができます。肯定の意を表す I would は「できることならやるのだけど」という意味合いを込めてよく使われます。
　家族との行事（配偶者・子供の誕生日、結婚記念日、イベント）を理由に仕事を断ることは、日本の古いビジネス習慣からは考えにくいかもしれません。しかし、さまざまな国籍や文化の人が集まる職場環境、特に欧米ではよく耳にすることですので覚えておきましょう。

D ソウルにいる顧客Mr. Kim氏に断る（人間関係：重）

Mr. Kim : Hi Leah. Our company president would like to meet with you at our main office in Seoul next Friday. Sorry for the short notice, but do you think you could make it?

Leah : 残念 Sorry, 肯定 I'd be more than happy to, but 理由 actually that is the same weekend as my daughter's graduation commencement.

Mr. Kim : Oh, I see. I understand completely.

Leah : 代案 Is there any way we can change it to a different date? I'm available all other weekends this month.

キム氏 ： こんにちは、リア。来週の金曜日、弊社の社長がソウルにある本社で君にお会いしたいと言っています。急で申し訳ないのですが、調整可能でしょうか？
リア ： ごめんなさい、本当に喜んでお伺いしたいところなのですが、実はその週末が娘の卒業式と重なっておりまして。
キム氏 ： ああ、そうですか。分かりました。
リア ： 何とか別の日に変えていただくことはできないものでしょうか？　今月の他の週末ならいつでも対応できます。

相手の希望に応えたい気持ちを示すのが大切

　出張を伴う急な依頼などは、調整がつかず断らざるを得ないことが多いかもしれません。そのような状況でも、相手が大事な顧客であることを考慮して断りましょう。残念な気持ちを表現した後、重ねて依頼に対して肯定的に反応する気持ちも表しています。理由を率直に述べ、その後に「別の日程なら」と、すぐに代案を示すことで誠実さが伝わります。Is there any way we can ...?という表現は「何とか…できないものでしょうか？」という、他の可能性を探る表現としてよく使われます。断りながらも「何とかしたい」という誠実な思いを伝えるのに効果的ですね。

実戦トレーニング　MP3 075 〜 MP3 078

それぞれのケースについて、自分なら何と言うか考えてしゃべってみましょう。あなたのセリフの内容は、アイコンで指定されている要素を満たすようにすること。（解答例はp. 124。MP3ファイルにはCase 1〜4の解答例の音声が収録されています）

Case 1：忙しくて、委員にはなれそうにありません…

あなたは、親しくしている上司(人間関係)のTinaから、社内のCSR（企業の社会的責任）委員会へのメンバーにならないかと誘われ(話題)ました。あなたは今年度は忙しく、時間が取れそうにありません。事実、向こう数カ月の間に出張の予定がかなり入っており、オフィス不在になることが多くなりそうです。上司からの誘いを断ってください。

	人間関係	
	近	遠
話題 軽	A	B
話題 重	C	D

Tina: Hey Artie. Do you have a sec?
ねえ、アーティ。一瞬いい？

You: ［返事］

Tina: We're looking for a new member for our CSR committee, and I thought that you'd be perfect for it.
CSR委員会の新しいメンバーを探しているんだけど、あなたが適任じゃないかと思ったの。

You: ［感謝］＋［断り］＋［理由］

Tina: Oh, OK. I just thought you'd enjoy being on the committee.
ああ、そっか。あなたなら委員を楽しんでやってくれそうだと思っただけ。

You: ［残念］＋［代案］ .

120

ここまで、たくさんのケースを見てきましたが、「人間関係」と「話題」に応じた断りの表現の使い分けをイメージできましたか？ 最後に、実践の場を意識した応用練習をしてみましょう。

Case 2：結婚式に出席したいんだけど、出張が…

あなたは取引先のJohnの結婚式に誘われました。あいにく大事なシンガポール出張が既に予定されており、航空券も買ってしまったので予定を動かせません。Johnに対してうまく断ってください。

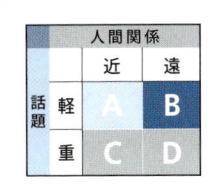

	人間関係	
	近	遠
話題 軽	A	B
重	C	D

John : I'm not sure if you've heard, but I'm getting married this October. I'd like to invite you to our wedding.

お聞きになったかもしれませんが、この10月に結婚するんです。結婚式にご招待したいのですが。

You : [祝意] ＋ [日程を聞く]

John : It's on October 1.

10月1日です。

You : [残念] ＋ [理由]

John : Oh, that's too bad.

それはすごく残念です。

You : [代案] ＋ [感謝]

実戦トレーニング

Case 3：インターンの枠は埋まってしまったんです…

友人のStephanieが自分の息子をあなたの会社のインターンとして受け入れてもらえないか聞いてきました。あなたはつい最近2人のインターンを採用したばかりで既に人数制限に達してしまったため、これ以上受け入れることができません。上手な断り方を考えてください。

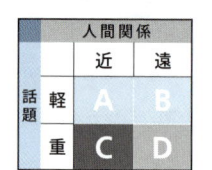

	人間関係	
話題	近	遠
軽	A	B
重	**C**	D

Stephanie : Hey Artie. I heard that your company sometimes hires interns to work there. Do you think you could accept somebody new in your department? My son is graduating soon, and he's looking for some work experience to strengthen his CV.

> ねえ、アーティ。あなたの会社では時々インターンを雇うって聞いたんだけど、あなたの部門で誰か新しく受け入れることはできないかしら？ うちの息子がもうすぐ卒業するんだけど、しっかりした履歴書にするために仕事の経験を必要としているの。

You : [肯定] ＋ [断り] ＋ [理由]

Stephanie : Oh, that's too bad.

> ああ、それは残念。

You : [代案]

Stephanie : That'd be great! Thanks!

> そうしてもらえるとありがたいわ！ ありがとう！

Case 4：満足してはいますが、購読の延長ができません…

あなたは取引をしている業界情報誌の担当者であるJanetから、間もなく契約期間が終了する購読の延長を打診されました。サービスには満足しているものの、今四半期の売り上げが芳しくなく、コスト削減を迫られているため、部門長が契約の終了を決めました。断り方を考えてください。

下線部: 取引をしている業界情報誌の担当者である → 人間関係
下線部: 終了する購読 → 話題

	人間関係	
	近	遠
話題 軽	A	B
話題 重	C	D

Janet : We're almost at the end of the fiscal year, and I wanted to check to see if you would be interested in extending the contract for another year.

間もなく会計年度の終わりのため、ご契約をもう1年延長されることにご興味があるか伺いたかったのですが。

You : 　肯定　＋　断り　＋　残念　＋　理由

Janet : I'm sorry to hear that. But please let me know if you're ever interested in subscribing again.

それは残念です。でもまた購読に興味を持たれたらぜひご連絡くださいね。

You : 　感謝

解答例

確認問題 (p. 110)

1. ① 感謝・肯定　② 残念な気持ち　③ 断り　④ 理由　⑤ 代案
2. ① come、have plans　② asking、make it　③ would definitely go、another
   ④ afraid、can't　⑤ How about　⑥ some other
3. ① That sounds interesting　② I can't　③ I won't be in the office

実戦トレーニング (p. 120)

Case 1

Tina : Hey Artie. Do you have a sec?
You : 【返事】 Sure.
Tina : We're looking for a new member for our CSR committee, and I thought that you'd be perfect for it.
You : 【感謝】 Thanks for asking, but 【断り】 I don't think I'll have the time for it this year. 【理由】 I have a lot of business trips scheduled in the next few months, and will be out of the office a lot.
Tina : Oh, OK. I just thought you'd enjoy being on the committee.
You : 【残念】 Sorry, but 【代案】 maybe next year.

ティナ ： ねえ、アーティ。一瞬いい?
あなた ： もちろんです。
ティナ ： CSR委員会の新しいメンバーを探しているんだけど、あなたが適任じゃないかと思ったの。
あなた ： 聞いてくださってありがとうございます。ただ今年はそれにかける時間がなさそうです。向こう数カ月出張がかなり入っていて、オフィスにいないことが多くなります。
ティナ ： ああ、そっか。あなたなら委員を楽しんでやってくれそうだと思っただけ。
あなた ： すみません、たぶん来年なら。

[解説] 自分の能力を買われてのオファーですから、できれば断りたくはないものですね。このような場合には「依頼自体はうれしいこと」「やりたい気持ちはあること」がしっかりと伝わるように心掛けましょう。

Case 2 MP3 076

John : I'm not sure if you've heard, but I'm getting married this October. I'd like to invite you to our wedding.
You : 〔祝意〕 Congratulations! 〔日程を聞く〕 When is the big day?
John : It's on October 1.
You : Let me check my calendar. Oh, 〔残念〕 I'm really sorry, but 〔理由〕 I'll be flying to Singapore that weekend and I've already purchased my tickets.
John : Oh, that's too bad.
You : Yeah, but 〔代案〕 I look forward to seeing your lovely wedding pictures. 〔感謝〕 Thank you again for inviting me.

ジョン　：お聞きになったかもしれませんが、この10月に結婚するんです。結婚式にご招待したいのですが。
あなた　：おめでとうございます！　式(the big day)はいつですか？
ジョン　：10月1日です。
あなた　：カレンダーをチェックさせてください。まあ、本当にごめんなさい、その週末はシンガポールに行く予定で、もう航空券も購入済みなんです。
ジョン　：それはすごく残念です。
あなた　：本当に。でも結婚式のすてきな写真を見るのを楽しみにしています。誘ってくれてありがとうございました。

［解説］お祝いごとへの誘いもできれば断りたくないものです。相手の気分を害することの無いよう、まずは祝いの気持ちを伝えましょう。さらに、今回のように動かすことのできない先約が入っているなど、具体的な理由を添えて丁寧に断ると良いでしょう。

Case 3 MP3 077

Stephanie : Hey Artie. I heard that your company sometimes hires interns to work there. Do you think you could accept somebody new in your department? My son is graduating soon, and he's looking for some work experience to strengthen his CV.
You : 〔肯定〕 I'd love to help out, but 〔断り〕 I can't. 〔理由〕 We just hired two new interns for our department, and that is the maximum we are allowed to have.
Stephanie : Oh, that's too bad.
You : But 〔代案〕 if he's interested, I can ask other departments if they are looking for any other interns.
Stephanie : That'd be great! Thanks!

解答例

ステファニー：	ねえ、アーティ。あなたの会社では時々インターンを雇うって聞いたんだけど、あなたの部門で誰か新しく受け入れることはできないかしら？ うちの息子がもうすぐ卒業するんだけど、しっかりした履歴書にするために仕事の経験を必要としているの。
あなた：	ぜひ力になりたいんだけど、できないんだ。ちょうどうちの部門でインターンを2人雇ったところで、受け入れの上限に達してしまったんだよ。
ステファニー：	ああ、それは残念。
あなた：	でも、もし彼が興味があるなら、他の部署がインターンを探していないか聞いてみることはできるよ。
ステファニー：	そうしてもらえるとありがたいわ！ ありがとう！

[解説] 友人からの依頼なので、I can'tなどの表現を使ってはっきりと断っています。ただ、冷たい印象にならないように理由を加えること、さらに、他部署での受け入れの可能性など、解答例では、できる限りの協力の姿勢を見せることで前向きに会話を終わらせようとしています。

Case 4　MP3 078

Janet： We're almost at the end of the fiscal year, and I wanted to check to see if you would be interested in extending the contract for another year.

You： 【肯定】 We'd love to extend, but 【断り】 the head of our department decided not to continue it after this year. 【残念】 We were actually very pleased with the services that you provided, but 【理由】 our sales were down this quarter, and we're under pressure to cut costs.

Janet： I'm sorry to hear that. But please let me know if you're ever interested in subscribing again.

You： 【感謝】 Thank you. I'll definitely let you know.

ジャネット：	間もなく会計年度の終わりのため、ご契約をもう1年延長されることにご興味があるか伺いたかったのですが。
あなた：	ぜひとも延長したいのですが、部門長が今年が終わったら継続しないことを決めてしまったんです。ご提供いただいたサービスに実はとても満足していたのですが、今期のわれわれの売り上げが下がり、経費削減を迫られていまして。
ジャネット：	それは残念です。でもまた購読に興味を持たれたらぜひご連絡くださいね。
あなた：	ありがとうございます。必ずお知らせします。

[解説] これまで良いサービスを提供してくれた相手の気持ちを害さずに延長を断るケースです。相手に非があるわけではなく、自社の都合であることを理由として明確に述べています。また、相手からの「また購読に興味があればぜひ連絡を」という提案に乗る形で収束しています。

第5章

謝罪

相手に迷惑をかけたり、希望を通すことができなかったりと、ビジネスでも謝罪の必要な場面はいくつも訪れます。対応によっては気まずくなりかねない謝罪において、相手との関係を好転させるためには、どうすればいいのでしょうか？

日本人の「謝罪」はなぜ失敗するのか？

「謝罪」も、ビジネスではもちろん、日常生活でも頻繁に発生する言語行為の1つです。話し手が自分の過失を認め、状況を修復しようとする目的で行うものですが、文化によって謝罪の構成要素が異なるかもしれない点には留意する必要があります。相手との関係性、話題の重要度とも併せて、考えていきましょう。

Sample Case

営業部の正さんは、顧客に提出する提案書の作成を上司 Ms. White から頼まれていましたが、期限である今日中に終わらせることができそうにありません。彼女に謝って、明日にしてもらえないかと思っています。

正さん

Hi Ms. White.
（こんにちは、ホワイトさん）

Ms. White

Hi Tadashi. What can I do for you?
（やあ、正さん。どうしました？）

正さん

Sorry, I can't finish the proposal today.
（すみません、今日は提案書を終わらせられそうにありません）

Ms. White

Why? To be honest, I wanted to review it today before we submit it to our client tomorrow.

（なぜです？　正直なところ、明日クライアントに提出する前に、今日見直したかったんですが）

正さん

Sorry, I'm too busy. Is tomorrow OK?

（忙し過ぎるんです。明日でいいですか？）

Ms. White

Huh?

（え？）

正さん、どうやら誤った言い方をして上司を怒らせてしまったようです。なぜこのようなことになってしまったのでしょうか？　理由を考えてみましょう。

謝罪が失敗に終わった理由

① 説明がなされていない ✗

今日提案書を終わらせることができないと謝ったものの、I'm too busy. というだけでは、「なぜ終わらせることができないのか」の十分な説明とは言えません。ただ漠然と謝るだけでは、相手は納得できないため、話がこじれてしまいます。

② 埋め合わせが不十分 ✗

正さんはIs tomorrow OK?（明日でいいですか?）と軽く許可を求める際の表現を使っていますが、これでは言葉があまりに不十分で、不誠実にさえ感じられます。自身の過失を認めた上で「申し訳ないけれど」と譲歩を引き出すことを考えるべきです。

---

③ 相手の立場を配慮できていない ✗

謝罪が必要な場面ということは、一般的には自分の行動により相手に迷惑などをかけてしまう状況にあります。そういった立場にある時には、自分の立ち位置をいつもより下に置いて発言すべきです。正さんの使ったI can't finish the proposal today. やIs tomorrow OK?といった表現は、特に立場が上の人に対しては直接的過ぎ、あるいは幼稚過ぎます。緩和表現などを使い、丁寧度を調整するのが良いでしょう。

これが「謝罪」の構成要素だ!

謝罪の目的は、自分の過失を認め、相手に謝ることです。相手との間にかなりの緊張があることも多いため、扱うのが難しい言語行為の1つと言えるでしょう。まずは謝罪の構成要素を見てみましょう。

謝罪の5要素

① 謝罪　② 説明　③ 責任の認知
④ 埋め合わせ　⑤ 再発防止の約束

構成要素の組み合わせ方は、相手や状況に応じて変わります。話題が深刻でなければ③④⑤などは省略されることがあります。一方、深刻な状況ほど、多くの構成要素が使われる傾向があります。

では、構成要素それぞれを代表する例文を以下に整理します。

① 謝罪

I'm sorry. などの表現を使って謝罪の気持ちを伝えます。強調したい時には really や very などを伴います。同じ英語圏でも、アメリカ人よりもイギリス人の方が頻繁に謝罪し、sorry を使う頻度が圧倒的に多いと言われています。

- Sorry.（すみません）
- I'm sorry.（ごめんなさい）
  ※伝える際にI'mが強調されると「私は申し訳なく思っている」というニュアンスが伝わります。
- I'm really sorry.（本当にすみません）
- I'm so sorry about that.（それについては申し訳ありません）
- I apologize.（謝罪します）
  ※助動詞を足せば丁寧度が増すと勘違いしてI would apologize.としてしまうミスがありますが、これでは「私なら謝るけど」といった仮定の意味になってしまい、逆に謝罪ではなくなってしまいます。

❷ 説明

なぜ過失が生じたのか、理由を説明します。日本語ではあまり細かく伝えると、「言い訳がましい」と思われてしまうこともありますが、英語圏では伝えた方が良い場合が多いので、理由説明の重要性を覚えておきましょう。

- *The traffic was terrible.* （渋滞がひどかったのです）
- *My assistant gave me the wrong location.*
  （アシスタントに誤った場所を教えられたのです）
- *I was out of town for business last week.*
  （先週は出張で不在でした）

❸ 責任の認知

全ての状況に使われるわけではありませんが、責任の所在を明らかにする際に使われます。場合によっては自分の責任ではないことを明確にした方が良いこともあります。

〈自分の非を認める〉
- *It's [totally] my fault.* （[完全に]私の責任です）
- *I feel really bad about it.* （本当に申し訳なく思っています）
- *I'll take responsibility for it.* （その責任は私が取ります）

〈自分の非を認めない〉
- *I don't think it's my fault.* （私の責任とは思いません）
- *I didn't mean to.* （そういうつもりは無かったのですが）
- *I was confused.* （混乱していた／させられたのです）

❹ 埋め合わせ

迷惑をかけてしまった相手や周りに対して、状況を修復したり、埋め合わせをしたりするための申し出をします。特にビジネスにおける深刻なケースでは、誠実かつ適切に埋め合わせの姿勢を表現することが、相手との信頼関係を維持するのに重要です。

- **Let me** *work on rescheduling the meetings again*.
  (もう一度私に会議の再調整をさせてください)

- **Why don't I** *come in earlier tomorrow to finish the program*?
  (明日早く来てプログラムを完成させましょうか？)

- **I will** *contact all the clients individually to explain the situation*.
  (全ての顧客に個別に連絡を取り、状況を説明します)

❺ 再発防止の約束

二度と同じ過ちを繰り返さないことを相手に伝えます。ただし、相手と状況によってはこの構成要素は割愛される傾向があります。仕事で深刻なミスを犯した場合には使われますが、軽いミスに対しては使われません。

- **I'll be more careful next time.**
  (次回はもっと気を付けます)

- **I'll try not to do it again in the future.**
  (今後二度とやらないようにします)

- **I'll make sure to** *keep track of time* **next time.**
  (次回は必ず時間の経過を追うようにします)

練習 構成要素それぞれの例文音声を聞きましょう。その後、スムーズに言えるようになるまで、声に出して読んでください。

「謝罪」の成功例を見てみよう

謝罪の構成要素が分かったところで、先ほどの正さんのケースを見直してみましょう。

Sample Case（p. 128再掲）

営業部の正さんは、顧客に提出する提案書の作成を上司Ms. Whiteから頼まれていましたが、期限である今日中に終わらせることができそうにありません。彼女に謝って、明日にしてもらえないかと思っています。

ここでも、まずは「人間関係」と「話題」から考えてみましょう。正さんとMs. Whiteの間には上下関係があり、人間関係は「遠い」と言えます。話題は、「顧客に提出する提案書の作成について締め切りに間に合わないので謝る」という場面です。決して軽い話題ではありませんが、挽回不可能なほど深刻な事態ではないのでIRモデルの「B」に該当すると考えます。

正さんの置かれた状況：B

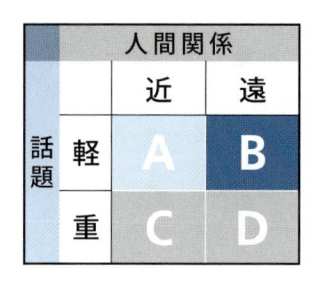

	人間関係 近	人間関係 遠
話題 軽	A	B
話題 重	C	D

これを踏まえ、謝罪の構成要素を使いながら言い直してみましょう。申し訳ないという気持ちを伝えるには、どうしたら良かったのでしょうか？

謝罪の成功例　　　MP3 084

Tadashi : Hello Ms. White. Can I talk to you for a sec about the proposal? 【謝罪】 I'm sorry, but I don't think I'll be able to submit it today. 【説明】 The graph part is taking a little longer than I had expected.
Ms.White : Oh, I understand. When do you think you can finish it then?
Tadashi : 【埋め合わせ】 I can definitely have it ready by tomorrow morning.

正さん : こんにちは、ホワイトさん。あの提案書についてちょっとお話しできますか？ 申し訳ありませんが、今日提出することができそうにありません。グラフの部分に思っていたより時間がかかってしまっていまして。
ホワイトさん : そうですか、分かりました。それであれば、いつ終わりそうですか？
正さん : 明日の朝までには必ず準備できます。

今度は何が問題で遅れが生じているのか説明を加え、また誠意ある埋め合わせの表現も盛り込むことができましたね。こんな風に丁寧に謝罪ができれば、相手との信頼関係も維持できそうです。

確認問題

ここまで学習した内容をおさらいしましょう。（解答例はp. 150。MP3ファイルには解答例の音声が収録されています）

1. 「謝罪」の構成要素を5つ全て挙げてください。

    ①_____ ②_____ ③_____ ④_____ ⑤_____

2. 空所を埋めて文を完成させてください。 MP3 085

    ①本当にすみません。

    I'm r_____ s____.

    ②私の責任です。

    It's __ f____.

    ③渋滞がひどかったのです。

    The t_____ w__ t_____.

    ④顧客に急ぎ個別に連絡を取り、状況を説明します。

    I will co_____ our c_____ ind_____ to e_____ the s_____ immediately.

    ⑤二度と起こらないようにします。

    It w___ h_____ a____.

    ⑥次回は必ずもっと気を付けるようにします。

    I'll m___ s___ to be more careful next time.

3. ①〜⑥に語句を当てはめて、会話を完成させてください。状況をIRモデルで把握し、文法的に正しいかどうかに加え、人間関係・話題に見合った言い回しになっているかも考慮すること。

Case

あなたは、電車が30分遅れ、朝イチの大事なチームミーティ（話題）ングに遅れてしまいました。携帯電話も家に忘れたので連絡することもできず、チームメンバーを待たせてしまいました。チームメンバーの1人で同僚のRyan（人間関係）に謝り、もっと早く家を出るようにすると約束してください。

	人間関係	
話題	近	遠
軽	A	B
重	C	D

Ryan : Hey Aki. Was everything OK this morning?
　　　ねえ、アキ。今朝は大丈夫だった？

You　:　___①___ . I know that everybody was waiting for me to arrive. ___②___ this morning. ___③___ to say that I'd be late, then ___④___ , so I couldn't call anyone.
　　　①本当にすみません。みんな、私が到着するのを待っていたことは分かっています。②今朝、電車が30分遅れていたんです。③遅れることを伝えようとオフィスに電話しようとしたら、④そこで携帯電話を家に忘れたことに気が付いて、誰にも電話できなかったんです。

Ryan : Oh, I understand.
　　　そっか、分かりました。

You　:　___⑤___ making everyone wait like that. Next time, ___⑥___ a little earlier.
　　　⑤あんな風にみんなを待たせて、本当に申し訳なく思っています。⑥次回は必ずもっと早く家を出るようにします。

英語らしい「謝罪」を徹底分析！

Case 1：遅刻してごめんなさい！ （話題：軽）

A 部下Amyに謝る（人間関係：近）

Sam ： [謝罪] Sorry, I'm late. [説明] The traffic was awful.
Amy ： Oh, that's OK.

サム　　：ごめん、遅くなって。渋滞がひどくて。
エイミー：あ、大丈夫ですよ。

重要度の低い話は簡潔に済ます

　相手が会社の部下であり、話題も日常のよくある1コマと考えられるため、非常に軽い謝罪で済ませています。構成要素としては、「謝罪」「説明」をごく簡単に述べるにとどめています。こういった場合には、あまり詳細に説明し過ぎないのが普通です。

ここからは、会話にどのように「謝罪」の構成要素が組み込まれるのか、4つのサンプルケースを見ていきます。最初の2つは話題が軽いA、B、次の2つは話題の重いC、Dのケースです。

		人間関係	
		近	遠
話題	軽	A	B
	重	C	D

B 上司のAnnに謝る（人間関係：遠）

MP3 088

Jason : [謝罪] I'm really sorry, I'm late. [説明] There was a big traffic jam on the way from the airport.
Ann : I understand. Don't worry about it.
Jason : [責任の認知] I know I should have called you ahead of time, but my cellphone died. [埋め合わせ] But I'll work late tonight to finish all the work from this morning.

ジェイソン ： 遅くなってしまって本当にすみません。空港からひどい交通渋滞があって。
アン ： 了解です。気にしないで。
ジェイソン ： 事前に電話すべきだと分かっていましたが、携帯の電池が切れてしまって。でも今夜は遅くまで働いて、今朝からの全ての事務を終わらせます。

反省の色をしっかり見せる

　Aと同じ状況ですが、今度は相手が上司になったため、報告を兼ねて表現が長く丁寧になっています。謝罪の表現は強調のreallyを付けています。また理由もより具体的にし、相手の理解を求めています。さらに「責任の認知」と「埋め合わせ」を加えて反省の色を出し、真摯に気持ちを伝えています。

Case 2：会議室を間違えて予約してしまった！

A 同僚Mattに謝る（人間関係：近）

MP3 089

Rachel : Hi Matt. 謝罪 I'm sorry, but I think I booked the wrong room for today's meeting. 説明 I booked Room A instead of Room B.
Matt : Oh, really?
Rachel : But don't worry. 埋め合わせ I'll fix it right now.
Matt : Oh, OK. Let me know when it's all done then.

レイチェル ： ねえ、マット。ごめんなさい。今日の会議用の部屋を間違って予約したみたい。ルームBでなくてルームAを予約してしまったの。
マット ： え、そうなの？
レイチェル ： でもご心配なく。すぐに直すから。
マット ： ああ、分かった。じゃあ、用意ができたら教えて。

大げさ過ぎない謝罪と埋め合わせで話をまとめる

　間違った会議室を予約したことを同僚に謝る状況ということで、比較的シンプルな構造になっています。謝罪と説明に加え、埋め合わせをしていることで相手の心象を良くする効果があります。ここに「責任の認知」や「再発防止の約束」まで加えてしまうと、重々しさが出てしまうため、割愛しています。多少カジュアルな印象の表現も混ぜ、会話の雰囲気を和らげています。

B 他部門のJasonに謝る（人間関係：遠）

MP3 090

Rachel : Hi Jason. [謝罪] I'm so sorry, but I booked the wrong room for today's meeting. [説明] I booked Room A instead of Room B. Is that OK?
Jason : No. I've already told everyone we would meet in Room B.
Rachel : I know, sorry. [責任の認知] This is my fault, so [埋め合わせ] I'll book Room B right away.
Jason : OK. Could you let me know when it's fixed?
Rachel : Yes, of course.

レイチェル ： こんにちは、ジェイソン。大変申し訳ないのですが、今日の会議の部屋を間違って予約してしまいました。ルームBではなくルームAを予約してしまいました。大丈夫でしょうか？
ジェイソン ： 駄目ですよ。皆にルームBで会うって既に伝えてしまいましたから。
レイチェル ： そうですよね、すみません。私の責任ですので、すぐにルームBを予約します。
ジェイソン ： 分かりました。直ったら知らせてくれますか？
レイチェル ： もちろんです。

責任の認知をすることで誠実な印象が加わる

　相手が他部門に所属するあまり知らない人ということもあり、Aと比べると多少、相手に配慮した流れになっています。具体的にはAでは含まれなかった責任の認知をすることで、自分に非があり反省している気持ちを、より誠実に表現しています。ここでは、再発防止の表現は割愛していますが、入れるとしたらI'll be more careful next time.（次回はもっと気を付けます）などが自然です。

Case 3：重要な会議を完全に忘れていました （話題：重）

C 仲の良い同僚Janeに謝る（人間関係：近）

Tom : Hi Jane. I guess you must be pretty mad at me right now.
Jane : What happened?
Tom : [謝罪] I'm really sorry. [説明] I was taking care of some documents for another project and I just lost track of time.
Jane : Yeah, that sometimes happens to me too. Don't worry about it.
Tom : [責任の認知] I feel really bad about it though. [再発防止の約束] I'll make sure to keep better track of time for the next meeting.
Jane : Thanks.

トム ： やあ、ジェーン。今、きっと僕にかなり怒ってるよね。
ジェーン ： 何があったの？
トム ： 本当に申し訳ない。別のプロジェクトの資料を準備していたら、時間がたつのを忘れてしまったんだ。
ジェーン ： ああ、そういうこともたまにあるわよね。大丈夫。
トム ： でも本当に申し訳なく思っているよ。次の会議の時には必ずしっかり時間（の経過）を把握するから。
ジェーン ： ありがとう。

全面的に自分の過失を認め、謝る姿勢を見せる

　大事な会議を忘れてしまうという重い状況では、親しい間柄の相手であってもしっかりした謝罪が必要ですね。5つの構成要素のうち [謝罪] [説明] [責任の認知] [再発防止の約束] の4つを含むことで重さを出し、全面的に自分の過失を認めた上で誠意を持って謝っている姿勢が表れています。こういった時の説明は、事実を端的に述べるようにすれば言い逃れとは取られません。再発防止の意思表示をし、会話を前向きに終わらせることも大切です。

D 上司Alexisに謝る（人間関係：遠）

Tom : Hello Alexis. [謝罪] I'm so sorry for forgetting about the meeting earlier today.
Alexis : Yeah, it was a pretty important meeting today.
Tom : I know. [謝罪] I'm terribly sorry. [説明] I was taking care of some documents for another project and I just lost track of time. [責任の認知] I should have been more mindful of the time. I feel terrible.
Alexis : Well, I guess there is nothing we can do now.
Tom : Well, [埋め合わせ] I'll email all the attendees individually to apologize and [再発防止の約束] I will not miss any more meetings in the future.

トム ： こんにちは、アレクシスさん。今日、先ほどの会議を忘れてしまって誠に申し訳ありません。
アレクシス ： そうね、あれは結構重要な会議だったの。
トム ： 分かっています。本当に申し訳ありません。別のプロジェクト用の資料を準備していたら、すっかり時間の把握を忘れていました。もっと時間に気を付けていなければいけませんでした。最悪な気持ちです。
アレクシス ： うーん、でももう遅いよね。
トム ： 参加者全員に個別に謝罪のメールをします。それから今後は絶対に会議を欠席しません。

十分な反省を示し、発話の仕方にも注意する

　上司に誠心誠意を尽くして謝罪をするに当たり、構成要素は5つ全てが含まれています。表現にもsoやterriblyといった言葉が加わって強調の効果があります。責任の認知(I should have been more mindful of the time. I feel terrible.)も重ねて言うことで申し訳なさを伝えようとしています。
　また再発防止の約束の表現でも、未来の意思を強く表すため、I will notを短縮せずに1語ずつはっきりと発音しています。細かいところですが、言葉の選び方に加えて、声にも謝罪の気持ちを乗せることが大切です。

Case 4：配送の遅れをおわびします （話題：重）

C 顔なじみの取引先のSophiaに謝る（人間関係：近）

MP3 093

Tom : Hi Sophia. [謝罪] I'm sorry, but I have a bit of bad news about your packages.
Sophia : Oh, is it serious?
Tom : [説明] I forgot to include the customs forms on the boxes and the delivery company said the shipments would be delayed by about two weeks.
Sophia : Oh.
Tom : Yeah, [責任の認知] that was careless of me. So [埋め合わせ] I paid for express shipping. They should arrive by this weekend.
Sophia : Oh, I appreciate that. Thanks for letting me know.

トム ： やあ、ソフィア。申し訳ないのですが、あなたの荷物に関してちょっと良くない知らせがあるんです。
ソフィア ： まあ、深刻ですか？
トム ： 私が関税申告書を箱に入れ忘れてしまったのですが、配送業者は2週間ほど出荷が遅れてしまいそうだと言っていて。
ソフィア ： えっ。
トム ： はい、私の不注意です。ですから私の方で速達料金を支払わせていただきました。荷物は今週末までには届くはずです。
ソフィア ： あら、それはありがたいです。知らせてくださってありがとう。

どのように埋め合わせするかが大切

　顔なじみの取引先が相手ですが、話題が重大であるだけに慎重な対応が必要です。全般的に率直に状況を説明する表現ばかりですが、謝罪の構成要素が4つ使われているため、かなり丁寧な印象になります。
　最も大事なのが責任の認知と埋め合わせをしっかり行っていることです。ミスをどうカバーするかで、相手の信頼を回復できるかが決まります。また全体を通して主語にIが使われていることで、責任が自分にあるという自覚が伝わります。

D 顧客Wayneに謝る（人間関係：遠）

MP3 094

Hailey : Hello Wayne. You know the packages that I promised would be delivered tomorrow?
Wayne : Yes.
Hailey : Well, [謝罪] I'm really sorry, but [説明] it seems the invoices were not included with the boxes and they'll be delayed by about two weeks.
Wayne : Two weeks is going to be a big problem. We were expecting them much sooner than that.
Hailey : [責任の認知] I apologize for that oversight. [埋め合わせ] We'll pay for express shipping to speed things up and you should receive them by this weekend.
Wayne : OK. Thank you for letting me know.

ヘイリー ： こんにちは、ウェインさん。明日には配達されるとお約束した荷物を覚えていますか？
ウェイン ： はい。
ヘイリー ： あの、誠に申し訳ないのですが、請求明細書が箱に入っていなかったようでして、配達が2週間ほど遅れてしまいそうなのです。
ウェイン ： 2週間というのは大きな問題になります。われわれはもっと早くに受け取るつもりでおりました。
ヘイリー ： 見落としをおわびいたします。速達料金をわれわれがお支払いし、急がせます。今週末までには受け取れるはずです。
ウェイン ： 分かりました。知らせてくださってありがとうございました。

聞き手の衝撃を和らげる話し方を心掛ける

　今回は顧客に大きな損害を与えかねない深刻な事態です。最大限の工夫をして誠実かつ丁寧に伝えましょう。
　構成要素は C と同じですが、使われている表現の違いに注目しましょう。特に、衝撃を少しでも和らげるため、説明の冒頭が it seems で始まっています。また、the invoices を主語にした受動態にすることで、相手が話し手を直接的に責め、話が収束しない可能性を多少防御しています。相手を必要以上に怒らせてしまうこと無く、社会人らしい対応が取れる余地を残しているといえるでしょう。ただし、併せて責任の認知も明確にし、誠意は伝えています。

実戦トレーニング

MP3 095 〜 MP3 098

それぞれのケースについて、自分なら何と言うか考えてしゃべってみましょう。あなたのセリフの内容は、アイコンで指定されている要素を満たすようにすること。（解答例はp. 150。MP3ファイルにはCase 1〜4の解答例の音声が収録されています）

Case 1：お名前を覚えていなくてすみません

あなたは職場で社員のパソコンのアカウントを管理しています。今日入社した新人からIDとパスワードを尋ねられますが、その人の名前を忘れてしまいました。名前を覚えられないことを謝りつつ、再度聞いてみましょう。

	人間関係	
	近	遠
話題 軽	A	B
重	C	D

Sarah : Hello Ashley. Do you have a minute to look up my user ID and password for my computer?

こんにちは、アシュリー。私のコンピューターのIDとパスワードを見ていただく時間はありますか？

You : 　　　謝罪 ＋ 質問

Sarah : Oh, it's Sarah.

あ、サラです。

You : 　　　説明

ここまで、たくさんのケースを見てきましたが、「人間関係」と「話題」に応じた謝罪表現の使い分けをイメージできましたか？ 最後に、実践の場を意識した応用練習をしてみましょう。

Case 2：急いでいたので数字を入れ忘れてしまいました

取引先のAngelaから電話がかかってきました。あなたが先ほどAngelaに送った資料から、年度末時点の最終トータルの数字が抜けているようです。かなり急いでいたため気付かなかった可能性があります。Angelaに謝り、もう30分もらえればすぐに送ると伝えましょう。

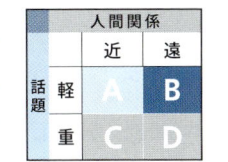

	人間関係	
	近	遠
話題 軽	A	**B**
重	C	D

Angela : Hi Steve. Do you have a moment to talk about the files you emailed me earlier?
こんにちは、スティーブさん。先ほど私に送ってくださったファイルについてちょっとお話しする時間はありますか？

You : [承諾]

Angela : Well, I looked over the data, and it seems you left out the final year-end totals.
あの、データに目を通したのですが、どうも年度の最終トータルを抜かしているようです。

You : [謝罪] ＋ [説明] ＋ [埋め合わせ]

Angela : Sure thing. Thanks.
もちろんです。よろしくお願いします。

実戦トレーニング

Case 3：申し訳ありませんが、注文を取り消します

あなたは、常連顧客のTanyaから自社製品のスピーカーの大型注文を受けていましたが、製造に必要な最小オーダー数に満たなかったため、こちらから注文の取り消しをお願いする事態になってしまいました。Tanyaに謝ってください。

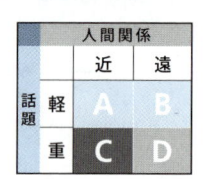

	人間関係	
話題	近	遠
軽	A	B
重	C	D

You : 〔謝罪〕

Tanya : Really?
本当ですか？

You : 〔説明〕＋〔謝罪〕

Tanya : What if we increased our number of units?
もしわれわれの注文数を増やしたらどうですか？

You : 〔埋め合わせ〕

Tanya : Thank you. Please let me know.
ありがとうございます。どうか知らせてください。

Case 4：誤って顧客データを消去してしまいました

あなたは、データベースを整理していた時、うっかり重要な顧客データのフォルダーを消去してしまいました。別の似たフォルダーと見誤ったのです。上司のPhilに深く謝ってください。IT部門に連絡したもののそれでも見つけられなければ、自ら修復する意思も伝えましょう。

	人間関係	
	近	遠
話題　軽	A	B
重	C	D

You： 　　　前置き

Phil： Sure, what's going on?
　　　もちろん。どうしましたか？

You： 　　　説明　＋　謝罪

Phil： Oh, no. Our entire client list was on there.
　　　何だって。われわれの顧客の全てのリストがあそこに入っていたのに。

You： 　　　責任の認知　＋　説明　＋　埋め合わせ

Phil： OK, please keep me posted. You really need to be more careful with the server.
　　　分かった。進捗状況を知らせて。サーバーの扱いには本当にもっと気を付ける必要があるよ。

Paul： 　　　再発防止の約束

解答例

確認問題 (p. 136)

1. ①謝罪　②説明　③責任の認知　④埋め合わせ　⑤再発防止の約束
2. ① really sorry　② my fault　③ traffic was terrible
   ④ contact、clients individually、explain、situation
   ⑤ won't happen again　⑥ make sure
3. ① I'm really sorry　② The train was delayed 30 minutes
   ③ I tried to call the office
   ④ I realized I'd left my cellphone at home　⑤ I feel bad
   ⑥ I'll make sure to leave for work

実戦トレーニング (p. 146)

Case 1

Sarah : Hello Ashley. Do you have a minute to look up my user ID and password for my computer?
You　 : Sure thing. Umm, 謝罪 I'm so sorry, but 質問 what's your name again?
Sarah : Oh, it's Sarah.
You　 : Thanks, 説明 it's just been a little tough remembering the names of all the new hires today.

サラ　　：こんにちは、アシュリー。私のコンピューターのIDとパスワードを見ていただく時間はありますか？
あなた：いいですよ。ええと、ごめんなさい、お名前は何でしたっけ？
サラ　　：あ、サラです。
あなた：ありがとう。新入社員全員の名前を今日中に覚えるのはちょっと大変だったんですよ。

[解説] 話題も軽く、相手は社内の新人なので簡単な謝罪でも大丈夫な場面です。使われている構成要素も謝罪と説明のみでシンプルです。名前をあらためて聞く表現は便利ですから、覚えておきましょう。名前を言われたものの聞き取れなかった時は、I'm so sorry, but I didn't quite catch your name.（すみません、ちゃんとお名前を聞き取れませんでした＝もう一度言ってください）などを使うこともあります。

Case 2 MP3 096

Angela : Hi Steve. Do you have a moment to talk about the files you emailed me earlier?
You　　 : (承諾) Sure.
Angela : Well, I looked over the data, and it seems you left out the final year-end totals.
You　　 : Oh, really? (謝罪) I'm really sorry about that. (説明) I guess I was in such a rush to finish everything that I didn't catch that. (埋め合わせ) Could you give me 30 more minutes and I'll send them to you right away?
Angela : Sure thing. Thanks.

アンジェラ ： こんにちは、スティーブさん。先ほど私に送ってくださったファイルについてちょっとお話しする時間ありますか？
あなた　　 ： もちろんです。
アンジェラ ： あの、データに目を通したのですが、どうも年度の最終トータルを抜かしているようです。
あなた　　 ： え、本当ですか？　それは申し訳ありません。全部を終わらせようと本当に急いでいたので、見落としたのだと思います。あと30分いただけますか？　そしたら、すぐにお送りいたします。
アンジェラ ： もちろんです。よろしくお願いします。

[解説] データの漏れを指摘されています。しっかり謝るのはもちろん、埋め合わせ案を迅速に具体的に伝えることが、ビジネスで信頼を失わないポイントですね。「30分で送る」という埋め合わせは具体的かつ効果的です。

Case 3 MP3 097

You　　 : Hi Tanya. (謝罪) I'm sorry to tell you this last-minute, but we had to cancel your entire order of speakers today.
Tanya : Really?
You　　 : (説明) Yes, we don't have enough orders from other clients to meet the minimum number to produce them. (謝罪) I'm really sorry about that.
Tanya : What if we increased our number of units?
You　　 : Hmm, (埋め合わせ) I'll check with our president to see if it's not too late to order more.
Tanya : Thank you. Please let me know.

解 答 例

あなた ： こんにちは、ターニャ。ぎりぎりにお伝えすることになって申し訳ないのですが、今日あなたのスピーカーの全注文を取り消さなければならなくなってしまいました。
ターニャ ： 本当ですか？
あなた ： はい、製造に必要な最小注文数を満たすだけの注文が他の顧客から無くて。それについて本当に申し訳なく思っています。
ターニャ ： もしわれわれの注文数を増やしたらどうですか？
あなた ： うーん、追加注文に遅過ぎないかどうかを社長に確認します。
ターニャ ： ありがとうございます。どうか知らせてください。

[解説] 謝罪を2度述べて、大事な顧客の要望を満たせず申し訳ない気持ちを伝えています。解答例では、誠実に状況の説明をきちんとした上で、埋め合わせできそうなことは試みる姿勢を示しています。

Case 4　MP3 098

You ： 【前置き】 Hi Phil. Do you have a moment? I need to talk to you about something a bit serious.
Phil ： Sure, what's going on?
You ： Well, 【説明】 I was cleaning out the database this morning and I accidentally deleted the client folder from the server. 【謝罪】 I am so very sorry ...
Phil ： Oh, no. Our entire client list was on there.
You ： 【責任の認知】 It is entirely my fault. 【説明】 I mistook it for a similar folder. I contacted the IT department to possibly retrieve the file. If they can't, 【埋め合わせ】 I'll personally recreate it again by myself.
Phil ： OK, please keep me posted. You really need to be more careful with the server.
You ： 【再発防止の約束】 I know. I will be more careful from now on.

あなた ： こんにちは、フィルさん。ちょっとよろしいですか？　ちょっと重大なことについてお話ししなければなりません。
フィル ： もちろん。どうしましたか？
あなた ： あの、今朝データベースを整理していて、誤って顧客フォルダーをサーバーから削除してしまったんです。本当に申し訳ございません…
フィル ： 何だって。われわれの顧客の全てのリストがあそこに入っていたのに。
あなた ： 完全に私の過失です。似たフォルダーと間違えてしまいました。もしかしてファイルを取り戻せないかとIT部門に連絡しました。もし彼らにできなければ、私が作り直します。
フィル ： 分かった。進捗状況を知らせて。サーバーの扱いには本当にもっと気を付ける必要があるよ。
あなた ： 分かっています。今後もっと気を付けます。

[解説] 顧客データの消去という深刻なミスを犯したら、関係の修復には大変なエネルギーが必要になるのは想像に難くないでしょう。謝罪の構成要素を全て動員し、さらに、各要素で、とても詳しく説明をして真摯に相手の理解を求める努力をします。謝罪では、声のトーンも重要になります。

第6章

苦情

日常生活においても、相手に苦情を言う時にはとても気を使うものです。ビジネスにおいては、なおさら注意する必要があるでしょう。感情に任せて相手に不満を伝えるのではなく、相手が納得して改善へと向かうような前向きな苦情にするためには、どうしたら良いでしょうか？

日本人の「苦情」はなぜ失敗するのか？

「苦情」のように一般的にネガティブな印象を伴う行為は、伝える側にも受ける側にもストレスと緊張関係を生みやすく、言葉選びには細心の注意が必要です。英語学習者が陥りがちなのは、語彙が少ないために意図した以上に直接的になってしまったり、きつ過ぎる表現を使って、相手から反感を買ってしまったりするケースです。苦情を生産的なものにするためにも、その構成要素や表現を理解することが大切です。

Sample Case

営業部の正さんは、部下のTamが役員向けのミーティングで実施したプレゼンテーションの内容に不満を感じています。事前に話すように伝えておいたプロジェクトのタイムスケール（時間的な規模）について触れなかったからです。プレゼン終了後、正さんはTamを呼び出しました。

正さん

Tam, you should have mentioned the time scale.
（タム、君はタイムスケールについて触れるべきだった）

部下Tam

Oh, really?
（あれ、そうなんですか？）

正さん

You must include it next time.
（次回は必ず言わなければならないよ）

部下Tam

> But you didn't tell me that it had to be part of the presentation.
> (でも、タイムスケールが含まれる必要があるとはおっしゃらなかったですよね)

正さん
> Yes, I did. I told you in an email yesterday!
> (いいや、言った。昨日メールで伝えた！)

部下 Tam
> Oh, I may have missed that email. I'll check again.
> (ああ、そのメールを見落としているのかもしれませんね。もう一度見ておきます)

正さんの部下 Tam に対する苦情は伝わったのでしょうか？　相手が聞き入れたとは思いづらいような、非常に嫌な空気で終わってしまいました。何が問題だったのか考えてみましょう。

苦情が失敗に終わった理由

① 前置き・事前警告が無い ✕

何の前ぶれも無く、突然相手に苦情を言うのはあまりにも失礼です。**Do you have a minute to talk about your presentation this morning?**（今朝の君のプレゼンについてちょっと良いかな？）や **Can I talk to you something important?**（重要なことについて君に話をしていいかい？）といった前置きをすべきです。

② 表現がきつ過ぎて、相手に敵対心を抱かせている ✕

正さんの使った苦情の表現、**You should have mentioned ...** はかなり強く非難しているように聞こえます。should have＋過去分詞は、「…すべきだったのに（しなかった）」という意味で習いますが、主語を相手（You）にして使うと非常に攻撃的に聞こえます。また **You must ...** で今後すべきことについても触れていますが、この表現もあまりに直接的です。

③ 正当性を示していない ✕

正さんはなぜタイムスケールに触れた方が良かったと思っているのでしょうか？　理由も分からずに苦言を呈されても、なかなか納得はできませんね。せめて「プレゼンにおいてとても大事な情報だから」というレベルの一言でも、付け加えると良かったでしょう。

これが「苦情」の構成要素だ！

苦情は、単に相手を非難することではなく、根底には「改善してほしい」「埋め合わせをしてほしい」といった期待が込められています。日本語のようなハイコンテキスト文化では、こちらが少し不満をほのめかしただけでも、意図を察知してもらえることが多いかもしれません。ただし、違う文化圏の人を相手にする時、単なるほのめかしだけでは、足りない場合もあります。苦情を言っている意図や何を改善してほしいのかを正確に伝えるための構成要素を見ていきましょう。

苦情の4要素
1. 前置き・事前警告
2. 苦情
3. 正当化
4. 改善要求

では、構成要素それぞれを代表する例文を以下に整理します。

① 前置き・事前警告

MP3 099

唐突に苦情を切り出すことは避け、これから何か好ましくないことを伝えるよ、というサインを出しましょう。単純に Hi や Hey、または名前を呼ぶだけであっても、声のトーンは比較的低めになります。表現と併せて意識しましょう。

- Look[Listen]. （聞いて）　※すごく強く聞こえる
- Is this a good time to talk?
  （今、話せますか？）
- Can I talk to you for a few minutes?
  （少しお話しできますか？）

- **Can I talk to you for a second about something kind of important?**
  （重要なことについてちょっとお話ししても良いですか？）

- **There is something I wanted to talk to you about.**
  （あなたに話したかったことがあります）

- **I have something important to discuss with you.**
  （重要なことについてあなたと話し合いたいのですが）

❷ 苦情

自分が不満に思っていることを伝えます。緩和表現（mitigator）を使った婉曲表現もあれば、事実を正確に伝えるために直接的な表現が使われることもあります。また、あえて受動態で述べて人以外を主語にすることで衝撃を和らげ、直接的に責めているようなニュアンスを出さないことも多いでしょう。

- **Don't you think** *your clothing is a little bit too casual for the office*?
  （あなたの服装、オフィスにはちょっとカジュアル過ぎると思いませんか？）

- **I've noticed that** *you've been arriving to the office later and later these days*.
  （近頃あなたが出社するのがどんどん遅くなっているのに気付きました）

- **I was kind of upset with** *my performance evaluation*.
  （私の業績評価について、少し動揺していました）

- *The data we received* **is not what we requested.**
  （私たちが受け取ったデータは依頼したものと違います）

- **I think maybe** *your emails to our clients* **were a little unclear.**
  （あなたの顧客に対するメールは少し分かりにくかったかもしれません）

❸ 正当化

あなたが苦情を言っていることが、正当であることを示しましょう。単なる不平不満だと思われないように、また相手が埋め合わせの行動に出てくれるように、苦情の正当な理由を伝えることは非常に重要です。特に話題が重い場合などは、より詳しく状況を説明するようにしましょう。

- *It's not fair to the other workers who come on time.*
  (時間通りに来る他の従業員に対してフェアじゃないです)

- *There is a strict dress code in our company handbook.*
  (わが社のハンドブックには厳しい服装規定があります)

❹ 改善要求

苦情の最後には、相手にどうしてもらいたいのかを伝えましょう。改善要求をする際は、第2章でも学習した「依頼」の表現が役に立ちますね。相手の立場、トピックの重要性を考えながら、慎重に言葉を選びましょう。

- **Could you** *reconsider my evaluation*?
  (私の評価を再検討していただけませんか?)

- **Would you mind** *doing more of the workload*?
  (もう少し多くの業務をやってもらえないでしょうか?)

- **I would appreciate it if** *you could arrive on time from now on.*
  (今後、時間通りに到着してもらえるとありがたいです)

練習 構成要素それぞれの例文音声を聞きましょう。その後、スムーズに言えるようになるまで、声に出して読んでください。

「苦情」の成功例を見てみよう

苦情の構成要素を理解したところで、先ほどの正さんのケースを再度確認しましょう。

Sample Case（p.154再掲）

営業部の正さんは、部下のTamが役員向けのミーティングで実施したプレゼンテーションの内容に不満を感じています。事前に話すように伝えておいたプロジェクトのタイムスケール（時間的な規模）について触れなかったからです。プレゼン終了後、正さんはTamを呼び出しました。

「人間関係」と「話題」から考えましょう。Tamは直属の部下なので、正さんとは関係が「近い」存在です。話題は、役員向けのミーティングで実施した部下のプレゼンテーションが、自分の依頼していた内容と大きく異なったことに対する不満です。よって「重い」と考え、IRモデルの「C」に該当します。

正さんの置かれた状況：C

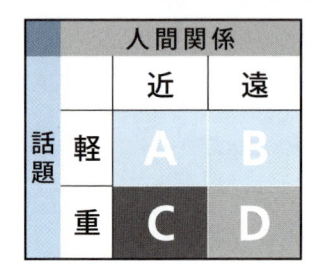

	人間関係 近	人間関係 遠
話題 軽	A	B
話題 重	C	D

関係は近くとも、注意が必要な状況です。苦情の構成要素を意識しながら、会話を作っていきましょう。

苦情の成功例

MP3 103

Tadashi : [前置き] Hi Tam. Do you have a little time to talk about your presentation this morning?
Tam : Sure, was everything OK?
Tadashi : For the most part, but [苦情] you didn't mention the time scale at all.
Tam : Oh, really? Sorry, but I didn't know that had to be included.
Tadashi : I mentioned it in the email yesterday [正当化] because it's really important. It's OK for that meeting, but [改善要求] please remember to include it in tomorrow's presentation.
Tam : Got it, thanks.

正さん ： やあ、タム。今朝のプレゼンについて少し話す時間はある？
タム ： はい、大丈夫でしたか？
正さん ： だいたいの部分はね。ただ、タイムスケールについて全く触れていなかったよね。
タム ： あら、そうでしたか？ すみません、タイムスケールを含めなければいけないとは知らず。
正さん ： とても重要だから、昨日のメールで言っておいたんだよ。今回の会議のことはいいけど、明日のプレゼンでは含めるように必ず覚えておいて。
タム ： 分かりました、ありがとうございます。

いかがですか？ 正さん、今回は言葉の使い方に配慮して伝えたので、敵対的な雰囲気にはならずに済みました。Tamも次回は気を付けてくれそうな雰囲気になりましたね。

確認問題

ここまで学習した内容をおさらいしましょう。（解答例はp.176。MP3ファイルには解答例の音声が収録されています）

1. 「苦情」の構成要素を4つ全て挙げてください。

   ①＿＿＿＿　②＿＿＿＿　③＿＿＿＿　④＿＿＿＿

2. 空所を埋めて文を完成させてください。 MP3 104

   ①あなたに伝えたかったことがあります。

   T＿＿＿ is s＿＿＿＿＿＿＿ I w＿＿＿＿ t_ tell you about.

   ②急を要する件であなたと話し合いたいのですが。

   I have something urgent to d＿＿＿＿＿ w＿＿ you.

   ③あなたの社長に対するプレゼンテーションは少し分かりにくかったかもしれません。

   I t＿＿＿ ma＿＿ y＿＿ presentation to the president was a li＿＿＿ un＿＿＿＿.

   ④CEOが完全に理解しなければ、後から問題が起こるかもしれません。

   If the CEO doesn't u＿＿＿＿＿＿＿ c＿＿＿＿＿＿＿, there may be some p＿＿＿＿＿＿ l＿＿＿ on.

   ⑤わが社のハンドブックには厳しい服装規定があります。

   T＿＿＿ is a s＿＿＿＿ dress c＿＿ in our company handbook.

   ⑥私の異動を再検討していただけませんか?

   C＿＿＿ y＿＿ re＿＿＿＿＿＿＿ my transfer?

3. ①〜⑤に語句を当てはめて、会話を完成させてください。状況をIRモデルで把握し、文法的に正しいかどうかに加え、人間関係・話題に見合った言い回しになっているかも考慮すること。

Case

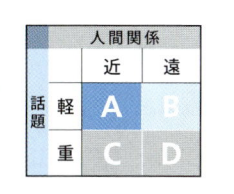

あなたの部下のシェリーは、ウィークリーミーティングにいつも遅れてきます。彼女が来るまで待たされる他のメンバーにとってフェアではないのでシェリーに苦情を言ってください。

人間関係：人間関係
話題：話題

	人間関係 近	人間関係 遠
話題 軽	A	B
話題 重	C	D

You : Hi Shelly. ___①___ about something kind of important?
やあ、シェリー。ちょっと大事なことについて少し話してもいい?
①—————

Shelly : Sure. Is everything OK?
はい。万事順調ですか?

You : Umm, not really. ___②___ you consistently come late to our weekly meetings.
いや、あんまり。たくさんの人が気付いているんだよ、君がウィークリーミーティングにいつも遅れてくることに。
②—————

Shelly : Oh, I know ... umm, I just get a lot of projects to complete last-minute.
あ、分かってはいるのですが…その、ぎりぎりまでやらなくちゃいけない仕事をたくさんもらってしまうんです。

You : ___③___ , but ___④___ to be fair to the other members who have to wait for you to arrive. They all ___⑤___ too.
分かるけど、君が来るまで待たなくちゃいけない他のメンバーに対して公平でいるために、君はその場に時間通りに来ることが重要だよ。彼らだってやらなくちゃいけない仕事がたくさんあるんだから。
③—————
④—————
⑤—————

Shelly : I'm sorry, I'll try not to be tardy from now on.
すみません、これから遅れないようにします。

英語らしい「苦情」を徹底分析！

Case 1：両面印刷にした方が良かったのに （話題：軽）

A アシスタントTimに苦情を言う（人間関係：近） MP3 106

Chie : 前置き Hey Tim. Can I talk to you about something small to do with the handouts you printed?
Tim : All right.
Chie : When I looked at the handout, 苦情 I noticed that you printed only on one side.
Tim : Oh, you wanted me to print on both sides, didn't you?
Chie : Yeah, 正当化 I was thinking we should save paper.
Tim : OK, no problem. I'll print double-sided next time.

千恵 ： ねえ、ティム。あなたが印刷したハンドアウトについて、小さいことだけど話していい？
ティム： どうぞ。
千恵 ： ハンドアウトを見て気付いたんだけど、あなた片面だけに印刷していたよね。
ティム： あ、両面印刷した方が良かったんですね？
千恵 ： ええ、紙を節約すべきだと思っていたの。
ティム： 分かりました。次回は両面印刷をします。

直接的な表現は、相手への気遣いの言葉と一緒に

　Can I talk to you about something small to do with ...?（…について、小さいことだけど話していい？）と軽い警告から始めました。smallという単語を使うことでまた、重大な過失ではないことを告げて相手に強い警戒心を抱かせない工夫をしています。苦情の表現そのもの（you printed only on one side）は主語をyouにしたため、非難の対象が明確になり、直接的に感じられます。今回は関係性が近いので問題ないでしょう。ただここでも相手を思いやり、衝撃を和らげるクッションとして、I noticed（気付いたんだけど）を前に付ける工夫をしています。苦情を正当化する理由までを話したところで、相手の方から改善の意思表示が出ましたね。このように、苦情の理由や正当性をしっかり相手に伝えて納得してもらうと、前向きな結果を得やすくなります。

ここからは、会話にどのように「苦情」の構成要素が組み込まれるのか、4つのサンプルケースを見ていきます。最初の2つは話題が軽いA、B、次の2つは話題の重いC、Dのケースです。

		人間関係	
		近	遠
話題	軽	A	B
	重	C	D

B 他部署の同僚Kevinに苦情を言う（人間関係：遠）

MP3 107

Chie : [前置き] Hi Kevin. Do you have a little bit of time now?
Kevin : Sure.
Chie : It's not a big deal, but when I got the reports this morning, [苦情] I noticed that the pages were only printed on one side.
Kevin : Oh, I printed it that way to make them look nicer.
Chie : Yeah, they look great, but [改善要求] for internal use, I think we should stick to double-sided copies [正当化] to save paper.
Kevin : OK, sure.

千恵　　：こんにちは、ケビン。今ちょっとだけ時間ありますか？
ケビン　：はい。
千恵　　：大したことではないのですが、今朝報告書を受け取った時、ページが片面だけに印刷されていたのに気付いたんです。
ケビン　：あ、文章がきれいに見えるように片面だけに印刷したんです。
千恵　　：はい、見栄えはいいですよね。でも社内用には、紙を節約するために両面コピーにしておいた方がいいと思います。
ケビン　：はい、分かりました。

主語の使い方で印象は大きく変わる

　アシスタントに対して苦言を呈した A に対し、B は他部門のあまり知らない人に伝えねばなりません。It's not a big dealで苦情を始めることで、まずは緊張を和らげます。その後も、the pages were only printed on one side（ページが片面だけに印刷されていた）とthe pagesを主語にしています。受動態の使用は「あなたがやった」と直接的に非難することを回避する1つの方法です。改善要求でもI think we should stick to ...としているのに気付いたでしょうか。自分を含む複数形のweを使うことにより、相手だけに要求しているのではなく、全員が気を付けるべきことだと伝えています。

Case 2：ミーティングが多過ぎるのでは？　（話題：軽）

A 同僚Alvinに苦情を言う（人間関係：近）

MP3 108

Janet : [前置き] Hey Alvin. There's just something I wanted to talk to you about.
Alvin : OK, go ahead.
Janet : [苦情] Some people in our department were thinking that we have been holding too many meetings. [正当化] It's just that we have so many things to do and these meetings have been slowing us down.
Alvin : Oh, I didn't realize that, but I guess you're right.
Janet : Yeah, so [改善要求] I was thinking maybe we could replace some meetings with just detailed email exchanges.
Alvin : Oh, that sounds good. Thanks for the suggestion.

ジャネット ： ねえ、アルビン。話したかったことがあるんだけど。
アルビン ： ええ、どうぞ。
ジャネット ： うちの部署の中に、ミーティングを開き過ぎていると感じていた人たちがいるのよね。みんなやることが本当にたくさんあるから、これらのミーティングがわれわれの仕事のペースを落としているってだけのことなんだけど。
アルビン ： あー、それは気付かなかった。でも君は正しいと思う。
ジャネット ： そうなの。だから、いくつかのミーティングは詳細なメールのやりとりに代えられないかと思って。
アルビン ： ああ、それはいいね。提案してくれてありがとう。

親しい相手でも敬意を忘れずに

　仲の良い同僚を相手にしている割には、丁寧で婉曲的な表現を使っている点に気付かれたのではないでしょうか？　苦情のセリフの主語をsome people in our departmentとすることで、個人的な不満ではないというニュアンスも含めています。改善要求についても、maybe（たぶん）という緩和表現を入れながら控えめに伝えています。仲の良い同僚だからこそ、これからも良好な人間関係を維持するため、敬意ある表現を使ってみることも大切ですね。

B 顧客 Mr. Kirbyに苦情を言う（人間関係：遠） MP3 109

Janet : 前置き Hello Mr. Kirby. Do you have a brief moment to talk about our regular meeting schedule?
Mr. Kirby : Sure, is everything OK?
Janet : 正当化 Our team has been really busy with our projects. So, 苦情 we were thinking that if we could just have fewer meetings, 正当化 we'd be able to finish our projects more quickly.
Mr. Kirby : Oh, I'm sorry I didn't realize that we were meeting so often.
Janet : Yeah. 改善要求 How about limiting our meetings to once a week?
Mr. Kirby : Sure, that sounds like a plan.

ジャネット ： こんにちは、カービーさん。定例ミーティングのスケジュールについて少しだけ話すお時間はありますか？
カービー氏 ： もちろん。どうしました？
ジャネット ： われわれのチームがプロジェクトでかなり忙しくなっておりまして。ミーティングの数をちょっと減らせられれば、プロジェクトをより迅速に完了させることができるのではないかな、と考えていたのです。
カービー氏 ： ああ、そんなに頻繁に会っているとは認識しておらずすみません。
ジャネット ： はい。ミーティングを週に1回に抑えるのはいかがでしょうか？
ジャッキー ： はい、いい考えですね。

つぶやき・思いつきに近い苦情にすると角が立ちにくい

　顧客のような相手の場合は特に、慎重に言葉を選ぶ必要があります。丁寧な前置きの後、まず現状をシェアすることで、これから話す内容を理解してもらいやすくすることから始めています。今回の苦情の表現は、苦情というよりも「もしかして…」とつぶやきや思いつきに近いニュアンスで伝えています。こういった使い方をすると、相手も「非難」と受け取らずに済むので、良い方向に向かいやすいでしょう。さらに細かいところでは、条件を表すifの構文において、時制を過去にして仮定のニュアンス（もしできれば、やれるなら）を出したり、副詞のjustなどを使ったりすることで、全体として柔らかい印象を出すことに気を使っています。このような形であれば、相手の心象を損ねず前向きな解決策が得られるはずです。

Case 3：大事な報告書のデータが間違っていました　（話題：重）

C　部下のMaryに苦情を言う（人間関係：近）

MP3 110

Max : 　[前置き] Hi Mary. Can I talk to you about something important?
Mary : 　OK, is it something serious?
Max : 　Kind of. I gave a presentation this morning with the report you created, but [苦情] some of the data in it was actually from last year. I was really embarrassed about that.
Mary : 　I'm so sorry. I thought I double-checked everything.
Max : 　[正当化] I usually review all my material before, but this time you gave it to me so late that I didn't have time. [改善要求] Next time, can you send the data to me a little earlier?
Mary : 　Yes, I can do that.

マックス　：　やあ、メアリー。大事な話をしてもいいかな？
メアリー　：　はい、何か深刻なことでしょうか？
マックス　：　ちょっとね。今朝、君が作った報告書でプレゼンテーションをしたんだけど、実はそのデータの一部が去年のものだったんだ。それでひどく恥ずかしい思いをしたよ。
メアリー　：　本当にすみません。全て二重に確認したと思っていたのですが。
マックス　：　いつもなら全ての資料を事前に見直すんだけど、今回は君がくれたのが本当に遅くて時間が無かった。次回はもう少し早めに送ってもらえる？
メアリー　：　はい、できます。

指導のニュアンスを含むなら、はっきりと伝える

　送ってもらった大事なデータに間違いがあったという状況では、どうしても相手を責めるニュアンスが出るため、うまく伝えるのは少しハードルが上がりそうですね。今回は、相手が部下であるため、改善を指導するニュアンスも込めて、比較的率直な表現が使われています。例えば、I was really embarrassed about that.（ひどく恥ずかしい思いをした）、you gave it to me so late that I didn't have time.（君が私にくれたのは本当に遅くて時間が無かった）などですね。事の大きさを明確に認識させ、シンプルな依頼文で改善要求まで伝えています。ここでWould you mind sending the data …?などの丁寧過ぎる表現を使うと、文脈に合わず効果が半減してしまいます。

D 他部門の人Chrisに苦情を言う（人間関係：遠） MP3 111

Max : 前置き Hi Chris. Is this a good time to talk?
Chris : Sure.
Max : I just gave a presentation with the report you sent to me, and 苦情 it seems that some data in it was incorrect. I wasn't really happy about that.
Chris : Really? I thought I checked everything first.
Max : Well, I think you might have accidentally used last year's data instead. 正当化 I tried to double-check everything before the presentation, but I didn't get the file early enough. 改善要求 Next time, could you give it to me a little bit earlier?
Chris : Yes, of course. I'm really sorry about that. I'll be more careful and send it to you earlier next time.

マックス ： こんにちは、クリス。今話せますか？
クリス ： はい。
マックス ： あなたに送ってもらった報告書でプレゼンテーションをしたところなんですが、どうやらそのデータの一部が間違っていたようです。あまりうれしくはなかったですね。
クリス ： 本当ですか？　最初に全てチェックしたと思っていたのですが。
マックス ： うーん、あなたは間違って去年のデータを使ってしまったのではないかと思います。プレゼンテーションの前に再確認しようとしたのですが、間に合うタイミングでファイルを受け取れなかったので。次回はもう少しだけ早くいただけますか？
クリス ： ええ、もちろんです。この件では本当にすみませんでした。次回はもっと気を付けますし、早めにお送りするようにします。

「決め付けない」ための緩和表現

　よく知らない他部門の人に、重い話題について苦情を言う際には、かなり気を使いますね。攻撃的になり過ぎること無く思いを伝えるために、Maxは控えめな表現を数多く取り入れています。相手の状況に配慮し、決め付けでものを言わないための工夫です。特に注目したいのが苦情の冒頭にあるit seems ...（…のようだ）です。それ以降にもI thinkを使って完全な断言口調を避けたりと、角を立てない工夫をしています。もちろん、伝えるべきことを確実に伝えるため、改善要求では比較的シンプルな依頼表現を使っていますが、そこに至るまでの気遣いが感じ取れれば、厳しくは聞こえないでしょう。

Case 4：新しいプリンターが納期なのに届いていません （話題：重）

C 担当の部下Ellenに苦情を言う（人間関係：近） MP3 112

Taro : 前置き Hey Ellen. What's going on with the new printer? It should have been here by now.
Ellen : It was supposed to be delivered today, but the company made a mistake and it won't be here until next Monday.
Taro : 苦情 Why didn't you let me know earlier about that? I've been waiting to use it today 正当化 because we need to print some color documents for tomorrow's conference.
Ellen : Oh, sorry, I wasn't aware of that. But I can run to the printing shop across the street after work today. Could you send me all the materials that you need printed?
Taro : Yes, I'll do that right now.

タロー ： ちょっとエレン。新しいプリンターはどうなってるの？ もう届いていてもいいはずだよ。
エレン ： 今日配達されるはずだったんですが、業者が間違って来週の月曜日まで届かなくなってしまいました。
タロー ： なぜそれをもっと早くに教えてくれなかったの？ 明日の会議用にカラー文書を印刷しなくちゃいけないから、今日使うのをずっと待っていたんだよ。
エレン ： ああ、ごめんなさい。それを知らなくて。でも仕事の後、向かいの印刷ショップまで走っていけますよ。印刷が必要な資料を全て送っていただけますか？
タロー ： 分かった、今すぐ送るよ。

苦情の最終目的は相手に状況打開を求めること

　このケースでは、苦情を言う前に簡単な状況説明（プリンターがもう届いていてもいいはずだ）から始まっています。部下が相手であり、緊急度も高い状況であることから、苦情の表現は強めのものになっています。その後、正当性を詳しく効果的に提示したため、相手の方から改善策を提案してきました。このように、自分の状況を受け入れてもらい、妥当な解決策を導くことも大切な姿勢です。

D 納入業者の担当 Ms. Snowに苦情を言う（人間関係：遠）

Taro : [前置き] Hi Ms. Snow. We ordered a new printer from you last week, and it should be here by now.

Ms. Snow : I'm really sorry, we just had an unexpected amount of orders recently, so everything has been delayed.

Taro : Well, [苦情] it would have been better if I was notified about this earlier. [正当化] We need the printer by Friday to make some urgent documents.

Ms. Snow : Oh, sorry, but it hasn't been shipped yet.

Taro : Oh, OK, if it's not shipped yet, [改善要求] would it be possible to express-mail it and have it delivered by tomorrow?

Ms. Snow : OK, I'll check if that's possible and call you back.

タロー ： こんにちは、スノーさん。先週、御社に新しいプリンターを注文したんです。そろそろここに届いていいはずなんですが。

スノーさん ： 大変申し訳ないのですが、ここのところ、予想を超える注文がございまして、全ての注文が遅れているのです。

タロー ： うーん、そのことをもっと早くに知らせてもらえていたら良かったのに。急ぎの文書を印刷するため、そのプリンターが金曜日までに必要なんですよ。

スノーさん ： ああ、申し訳ありません。ですが、まだ御社のプリンターは出荷されていないようです。

タロー ： あ、分かりました。もしまだ出荷されていないなら、速達で送ってもらって明日までに届くようにしてもらうことは可能でしょうか？

スノーさん ： 分かりました。可能かどうか確認して、折り返しお電話いたします。

改善要求は分かりやすく、丁寧に

　今度は納入業者に対して苦情を言う状況です。前置きで状況を伝えた後、出荷の遅れを知らせてこなかった相手に対して、仮定法過去を使って少し婉曲的に苦情を言っています。それから苦情の正当性も詳しく述べています。このように、「なぜ」「どうしてほしかった」が伝わると、相手も対応を検討しやすくなります。状況を確認した後、その時点で取れる最善策を丁寧に依頼しています。このように伝えると相手とも合意しやすいですね。

実戦トレーニング　MP3 114〜MP3 117

それぞれのケースについて、自分なら何と言うか考えてしゃべってみましょう。あなたのセリフの内容は、アイコンで指定されている要素を満たすようにすること。（解答例はp.176。MP3ファイルには解答例の音声が収録されています）

Case 1：騒音が気になって困っています

あなたが仕事をしているオフィスの上の階では、現在配置換えが行われていて、そこからの騒音にスタッフから文句が出始めています。特に電話会議をする時などは気になります。総務担当者のLuisに苦情を伝えてください。

	人間関係	
	近	遠
話題 軽	A	B
重	C	D

You：　　　[前置き]

Luis：Yes, is something wrong?
　　　ええ、何か問題でも？

You：　　　[苦情] ＋ [正当化]

Luis：I see.
　　　なるほど。

You：　　　[改善要求]

Luis：Sure, I'll let them know today.
　　　いいですよ。今日彼らに伝えます。

ここまで、たくさんのケースを見てきましたが、「人間関係」と「話題」に応じた苦情表現の使い分けをイメージできましたか？ 最後に、実践の場を意識した応用練習をしてみましょう。

Case 2：システムログインで問題が多発しています

あなたの会社は最近、ある会社が開発した新しい人事管理システムを導入しました。しかし、ログイン時に問題が起きる従業員が多いため、その開発会社に苦情を言い、早期に問題を解決したいと思います。担当者に電話をして、苦情を伝えてください。

	人間関係	
話題	近	遠
軽	A	**B**
重	C	D

You : [前置き] ＋ [苦情]

Staff : I'm sorry to hear your employees are having difficulties with it.
御社の社員の方々が弊社システムにご苦労されているようで、申し訳ありません。

You : [正当化] ＋ [改善要求]

Staff : Sure. Please just let me know when you'd like them to come.
もちろんです。いつ向かわせれば良いかだけ教えてください。

実戦トレーニング

Case 3：どうして会議室の予約を忘れたの？

あなたは、同僚のDanielに会議室の予約をお願いしていましたが、彼は予約することをすっかり忘れていました。部屋が見つからなかったので、今日はミーティングをキャンセルしなければなりませんでした。Danielに苦情を言って、今週の金曜日に再度部屋を取ってもらうようお願いしてください。

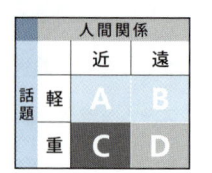

	人間関係	
	近	遠
話題　軽	A	B
重	C	D

You ： [前置き]

Daniel： Oh, no ... I totally forgot to do that.
ああ、しまった…完全にやるのを忘れていた。

You ： [苦情] ＋ [正当化]

Daniel： Oh, sorry. I really feel bad about that.
ああ、ごめん。本当に申し訳ない。

You ： [改善要求]

Daniel： Of course, I'll do it right now, and send you an email confirmation.
もちろん、今すぐやるよ、それで確認のメールを君に送るから。

Case 4：リリース前の製品は掲載しないでください

あなたは、取引先の会社のホームページに、リリース前の製品が掲載されているのを見つけました。競合会社に見られると不利な立場に置かれるので、取引先の担当者に苦情を言って、急ぎ取り下げてもらってください。

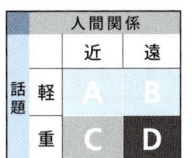

	人間関係	
話題	近	遠
軽	A	B
重	C	D

You ： [前置き]

Leonard： Sure. I have time.
もちろん。時間ありますよ。

You ： [苦情]

Leonard： Oh, we posted those yesterday. I didn't realize they hadn't been released yet.
ああ、昨日載せました。まだリリースされていなかったとは知りませんでした。

You ： [正当化] ＋ [改善要求]

Leonard： Absolutely. We'll do it right now.
もちろんです。今すぐそういたします。

解答例

確認問題 (p.162)

1. ①前置き・事前警告　②苦情　③正当化　④改善要求
2. ① There is something、wanted to　② discuss with
   ③ think maybe your、little unclear
   ④ understand completely、problems later
   ⑤ There、strict、code　⑥ Could you reconsider
3. ① Can I talk to you for a second
   ② A lot of people have noticed that
   ③ I understand
   ④ it is important that you be there on time
   ⑤ have a lot of work to complete

実戦トレーニング (p.172)

Case 1

You : 前置き Hi Luis. You know about the rearrangement of the rooms above this floor?
Luis : Yes, is something wrong?
You : Well, it's not a big deal, but 苦情 some people have been complaining about the noise. Especially 正当化 when they are in the middle of their conference calls.
Luis : I see.
You : 改善要求 Could you ask them to be a bit more quiet during working hours?
Luis : Sure, I'll let them know today.

あなた ： やあ、ルイス。このフロアの上にある部屋の配置換えのことはご存じですよね？
ルイス ： ええ、何か問題でも？
あなた ： えーと、大したことではないんですが、あの音について苦情を言っている人もいまして。特に電話会議をしている時とか。
ルイス ： なるほど。
あなた ： 業務時間中は、もう少し静かにしてもらうよう彼らに頼んでもらえませんか？
ルイス ： いいですよ。今日彼らに伝えます。

[解説] Well, it's not a big deal but,（えーと、大したことではないのですが）は緩和表現の1つで、これから苦情を言うにあたって生じるかもしれない緊張を和らげる目的で使われています。こういった気の利く表現をいくつか覚えておくと良いですね。

Case 2　MP3 115

You　　：[前置き] Hi, we recently purchased your company's HR management system. However, [苦情] a lot of our employees are having trouble logging into the program.
Staff　：I'm sorry to hear your employees are having difficulties with it.
You　　：[正当化] We need this resolved as soon as possible so that we can start the performance evaluation of our workers. [改善要求] Would it be possible to have somebody come over to fix the problem?
Staff　：Sure. Please just let me know when you'd like them to come.

あなた　：こんにちは、最近、御社の人事管理システムを導入したのですが、社員の多くが、プログラムにうまくログインできないんです。
担当者　：御社の社員の方々が弊社システムにご苦労されているようで、申し訳ありません。
あなた　：従業員の業績評価を始められるように、できるだけ早くこれを解決する必要があるんです。どなたかにお越しいただいて問題を解決いただくことは可能でしょうか？
担当者　：もちろんです。いつ向かわせれば良いかだけ教えてください。

[解説] 苦情の理由を述べる際は、事実としてはっきり詳しく、を意識してください。改善要求は、こちらが客の立場であっても社外の人に対して言うのですから、少しかしこまった Would it be possible ...? などの表現がふさわしいでしょう。

Case 3　MP3 116

You　　：Daniel. [前置き] Do you remember the room I asked you to book for today's meeting?
Daniel：Oh, no ... I totally forgot to do that.
You　　：Yeah, when I went to the meeting room, [苦情] there was already another group there. [正当化] We couldn't find another room, so we had to cancel it.
Daniel：Oh, sorry. I really feel bad about that.
You　　：[改善要求] Could you please book us another room for this Friday afternoon? It's really important that you don't forget to do it.

177

解答例

Daniel : Of course, I'll do it right now, and send you an email confirmation.

あなた　：ダニエル、今日のミーティングのために予約をお願いしていた部屋のこと、覚えてる？
ダニエル：ああ、しまった…完全にやるのを忘れていた。
あなた　：そうだよね。その部屋に行ったら、既に別のグループがそこにいたの。他に部屋が見つけられなかったからミーティングをキャンセルしなくちゃならなかったわ。
ダニエル：ああ、ごめん。本当に申し訳ない。
あなた　：今週の金曜の午後に1つ、私達の部屋を予約してもらえないかしら。どうか忘れないで。
ダニエル：もちろん、今すぐやるよ、それで確認のメールを君に送るから。

[解説] 改善要求をする際、pleaseを念押しとして使っているのがポイントです。このように使う場合pleaseは丁寧さを出すというよりも「どうかお願いだから」というニュアンスになります。

Case 4　MP3 117

You　　　：[前置き] Hi Leonard. Can we talk for a minute about something serious?
Leonard : Sure. I have time.
You　　　：Well, I was browsing your company's website, and [苦情] I found some of our unreleased products on a few of your pages.
Leonard : Oh, we posted those yesterday. I didn't realize they hadn't been released yet.
You　　　：Sorry, we weren't clear about that. But [正当化] if our competitors were to see them, it would put us at a competitive disadvantage. [改善要求] Could you take the pictures down right away?
Leonard : Absolutely. We'll do it right now.

あなた　：こんにちは、レナード。少し大事な話をさせてもらえますか？
レナード：もちろん。時間ありますよ。
あなた　：あの、御社のウェブサイトを閲覧していたんですが、わが社のリリース前の製品を数ページで見つけたんです。
レナード：ああ、そうです。昨日載せました。まだリリースされていなかったとは知りませんでした。
あなた　：こちらもはっきりしていなかったので申し訳ないのですが、競合会社が見たら、競争面でわれわれが不利な立場に置かれてしまいます。すぐにあれらの写真を下げてもらえませんか？
レナード：もちろんです。今すぐそういたします。

[解説] このケースも、苦情の正当性をしっかりと伝えた上で、改善の要求をはっきり伝え、さらにright away（すぐに）を付けて緊急の依頼であることも強調しています。それだけでは調子が強過ぎますが、事前にSorry, we weren't clear about that.と、自分たちにも落ち度があったことを認め、謝罪を含めることにより、バランスを取っています。

第7章

反対

ビジネスでは、ある提案や意見について反対の意を伝える場面は日常茶飯事です。問題は、それをどう伝えるかです。日本語においても、角が立たないよう言い方には注意しますが、英語ではどのように気を付ければより建設的に反対意見を伝えられるのでしょうか?

日本人の「反対」はなぜ失敗するのか？

この章では、相手と状況に応じた「反対」の言語行為を学びましょう。「賛成」をするのは比較的容易ですが、「反対」をするのは決して容易なことではありませんね。交渉の際にも、損失を防ぎ、優位な展開を進めるためには、効果的に反対の意思表明をするスキルが重要です。相手の面子を保ちながら、建設的に反対する方法を学びましょう。

Sample Case

営業部の正さんは、人事部長に、東京支社のマーケティングディレクターとしてAlanの起用を検討しているがどう思うかと意見を求められました。実は、正さんは、Alanにアメリカ在住の家族がおり、日本に住むことが困難であることを知っているため、賛成できません。そこで、人事部長に反対の意思表示を試みました。

人事部長

Hi Tadashi. We were thinking about promoting Alan to our marketing director at our Tokyo branch. What are your thoughts?

（こんにちは、正さん。われわれは、アランを東京支社のマーケティングディレクターに昇進させることを考えていたんですが、どう思いますか？）

正さん

I disagree with you. He is not suitable.

（私はあなたに反対です。彼は適任ではありません）

人事部長

Oh, why not?

（[ちょっとイラっとして]え、なぜ？）

正さん

> He has three kids.
> （彼には3人子供がいます）

人事部長

> OK, I'll consider that then. Thank you.
> （なるほど、では考慮してみます。どうも）

正さんの反対表明に、人事部長は不快感を示しました。なぜそうなってしまったのでしょうか？

依頼が失敗に終わった理由

① 「ためらい」が無い ✗

正さんは突然 I disagree with you. と反意から話を始めています。通常、相手にとって好ましくないことを伝える時には、Well, や Actually, といったシグナルとなる表現を何かしら使うことによって、相手のショックを軽減しようとするのですが、正さんはあまりにも唐突に答えてしまいました。

② 反対表現が直接的過ぎる ✗

多くの日本人にとって反対を表す表現のバリエーションは実に少なく、No、I don't agree、I disagree が圧倒的によく使われています。英語は直接的な言語、という誤解により、これらの表現をそのまま使用する人も非常に多いのですが、状況によっては相手の面子をつぶしかねません。実際に正さんが使った I disagree with you.（あなたに反対です）も、文法的に問題は無くても、対象をあなた（with you）とした直接的な表現であるため、この相手と文脈では、必要以上に攻撃的に受け止められてしまいました。

③ 理由が十分に納得できる内容ではない ✕

「アランには3人子供がいるから」だけで、彼が日本のマーケティングディレクターに向いていないという正当な理由になるでしょうか？　日本語のハイコンテキストな文化では「子供が3人いる」→「家族皆を連れて海外に転居するのは大変」→「そのポジションには向かない」という文脈を読むことが可能かもしれませんが、文脈に依存しないローコンテキストな英語（特に文化背景の異なる相手に向けて）では、相手に察してもらうことを期待するのは賢明ではありません。ロジックを具体的に言葉にして伝える必要があります。

これが「反対」の構成要素だ!

反対の目的は、お互いにとってより有益だと思われる別の考え方を伝えることですね。一方で、反対によって相手の現状を否定してしまう可能性や、相手に不快な思いをさせる危険性もあるため、表現の選び方には十分注意が必要です。

反対の4要素

① ためらい　② 反意　③ 理由　④ 代案

①→②→③→④になる場合が多いです。状況に応じて②や④が割愛されることがあります。

では、構成要素それぞれを代表する例文を以下に整理します。

① ためらい

MP3 118

賛成できないことをほのめかすサインです。好ましくない反応であることを事前に伝えることによって、相手への衝撃を和らげます。通常は**Umm**、**Well**などの短い言葉か、言葉にならない音だったりします。ためらいを使って時間を遅らせることで、相手は後続のネガティブな内容を聞く心の準備ができます。

- **Well,** (えー、うんっと、そうですねー)
- **Actually,** (実は、実のところ)
- **Let's see.** (ええっと)
- **Hmm.** (うーん、ふーむ)
- **Umm.** (うーん、えーと)

※HmmやUmmは、実際はHmmmやUmmmのようにmの音が長く発音される傾向にあります。

❷ 反意

反対の意を伝える際、「同意できない」「それは違う」と直接的に言うことは少なく、「いいかどうか分からない」「乗り気ではない」などと間接的に伝えるケースが圧倒的です。I disagree with you.(あなたに反対です)、I don't think so.(そうは思いません)などはとても直接的なので、使う際には注意が必要です。

〈間接的な反対〉

- **I don't know[I'm not sure] about** *that*.
 （それについては分かりません）

- **I'm not sure if** *that's a great idea*.
 （それがいい考えかどうかは分かりません）

- **I don't think** *that is the best option*.
 （それが最良の選択肢かどうかは分かりません）

- **I'm not really keen on** *doing that*.
 （それにはあまり乗り気ではありません）

反意の表現を省略して、いきなり理由や代案を示すことで、間接的に反対であることを伝える場合もあります。

- **Well,** （反意をスキップ）**don't you think** *tomorrow is too early*?
 （ええと、明日は早過ぎるとは思わない?）

- **Actually,** （反意をスキップ）**how about** *hiring a new designer*?
 （実のところ、新しいデザイナーを採用するのはどうだろう?）

また、partial agreement（部分的な同意）をした上で、異論を述べる表現も多く使われます。

- **I see[understand] your point, but** *that's not always the case*.
 （あなたの要旨は分かりますが、いつもそうとは限りません）

- **You've got a point there, but** *it's not necessarily true*.
 （そこはあなたの言う通りですが、必ずしも正しいとは限りません）

- I think you may be right, but *the situation is a little different*.
（あなたが正しいかもしれないけど、状況が少し違うんです）

❸ 理由

なぜ反対しているのか、理由を伝えましょう。相手によく分かるよう、ロジカルに伝える必要があります。

- **The problem with that is** *she doesn't have a background in finance*.
（問題は、彼女には財務の経験が無いことなんです）

- **The thing is** *we're already behind the original schedule*.
（問題は、われわれが既に元の予定より遅れていることです）

- **Because** *our boss doesn't like their customer service*.
（なぜなら、われわれの上司は彼らのカスタマーサービスを気に入っていません）

❹ 代案

- **How about** *tomorrow? Everybody is free then*.
（明日はどうですか？　明日なら皆空いています）

- **What do you think about** *going to the new Italian place*?
（新しいイタリア料理屋に行くのはどう思いますか？）

- **I think** *waiting until next month* **will be better.**
（来月まで待つ方がいいと思います）

- **Why don't we** *talk to Mr. Pratt first*?
（プラット氏にまず話してみませんか？）

練習　構成要素それぞれの例文音声を聞きましょう。その後、スムーズに言えるようになるまで、声に出して読んでください。

「反対」の成功例を見てみよう

反対の4要素が分かったところで、先ほどの正さんのケースを見直してみましょう。

Sample Case（p.180再掲）

営業部の正さんは、人事部長に、東京支社のマーケティングディレクターとしてAlanの起用を検討しているがどう思うかと意見を求められました。実は、正さんは、Alanにアメリカ在住の家族がおり、日本に住むことが困難であることを知っているため、賛成できません。そこで、人事部長に反対の意思表示を試みました。

まずは相手との関係性と話題を考慮します。人事部長は他部門の重要人物であり、正さんが普段接している同僚とは異なることから、「遠い」存在です。話題は、東京支社の人事についてですので重いものです。従って、IRモデルの「D」に該当します。

正さんの置かれた状況：D

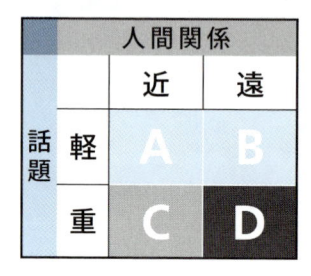

	人間関係 近	人間関係 遠
話題 軽	A	B
話題 重	C	D

Dの状況を考慮して、各構成要素の表現も、できるだけ直接的なものを避け、間接的に反対の意思を伝えるように手直ししてみましょう。

反対の成功例

HR Director : Hi Tadashi. We were thinking about promoting Alan to marketing director at our Tokyo branch. What are your thoughts?
Tadashi : [ためらい] Well, actually [反意] I don't think Alan would be the most suited for working in Japan.
HR Director : Oh, really?
Tadashi : Yeah, [理由] he has three kids and I don't think he would be willing to relocate to another country.
HR Director : I hadn't even thought about that.
Tadashi : [代案] Actually, Chad is very interested in Japan, and I think he is just as qualified as Alan.

人事部長 ： こんにちは、正さん。われわれは、アランを東京支社のマーケティングディレクターに昇進させることを考えていたんですが、どう思いますか？
正さん ： うーん、実は、アランは日本で働くのに最適とは思えないんです。
人事部長 ： え、そうですか？
正さん ： はい、彼は実際3人お子さんがいて、進んで外国に転居することは無いと思うんです。
人事部長 ： それについては考えていなかったな。
正さん ： 実は、チャッドが日本にとても興味を持っていて、彼ならアランと同じくらい適任だと思います。

いかがですか？ 正さん、今回は相手の立場を配慮しながら丁寧に反意を伝えられましたね。I don't think Alan would be the most suited for working in Japan. で部分否定も使っています。理由と代案がしっかり言えているので、建設的な反対意見になっています。

確認問題

ここまで学習した内容をおさらいしましょう。(解答例はp. 202。MP3ファイルには解答例の音声が収録されています)

1. 「反対」の構成要素を4つ全て挙げてください。

   ① _____ ② _____ ③ _____ ④ _____

2. 空所を埋めて文を完成させて読んでください。 MP3 123

   ① それについてはあまり分かりません。

   I'm n__ so s___ a____ t___.

   ② それには賛成しかねます。

   I'm a_____ I c___ a____ with that.

   ③ 彼がそれに最適な人材だとは思えません。

   I d___ t____ he is t__ b___ p_____ for that.

   ④ あなたの要旨は分かりますが、いつもそうとは限りません。

   I s__ y___ p____, but that's n__ a_____ t__ c___.

   ⑤ 問題は、われわれには既に経費節減のプレッシャーがかかっていることです。

   T__ t____ is we are a_____ u____ p_____ to c__ c____.

   ⑥ 明日はどうですか?

   H__ a____ tomorrow?

3. ①〜④ に語句を当てはめて、会話を完成させてください。状況を IRモデルで把握し、文法的に正しいかどうかに加え、人間関係・話題に見合った言い回しになっているかも考慮すること。

Case

あなたは、自社の新しいパンフレットの用紙の色について、上司のMs. Kerrと話しています。Ms. Kerrはグレーを推していますが、あなたは反対です。より文字が読みやすく、コーポレートカラーにも合うライトブルーはどうかと考えています。うまく反対してあなたの考えを伝えてください。

	人間関係	
	近	遠
話題 軽	A	**B**
重	C	D

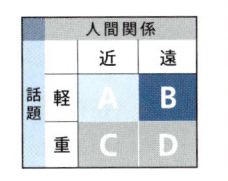

Ms. Kerr : I was thinking of using gray colored paper for our new company brochure.
新しい会社パンフレットにグレーの紙を使うのはどうかと考えていたの。

You : ___①___ , that is a good color, but ___②___ . ___③___ against a gray background.
えっと、それはいい色ですが、最善の選択肢かどうかは分かりません。グレーの背景だと、文字が少し見えづらいかもしれません。

Ms. Kerr : Oh, you may be right about that.
あら、あなたの言う通りかもしれないわね。

You : Yeah. ___④___ ? It'll be much easier to read and it even matches our corporate color.
はい。ライトブルーはどうでしょう？ 読みやすくなるし、さらにわれわれのコーポレートカラーとも合いますよ。

Ms. Kerr : That's a wonderful idea!
それはとてもいい考えだわ！

英語らしい「反対」を徹底分析！

Case 1：アルバイトに責任の重い業務を任せるだって？　（話題：軽）

A 仲の良い部下 Brie に反対する（人間関係：近）　MP3 125

Brie： Hi Rob. I was just wondering if it'll be OK to let Jackie update the client list.

Rob： [ためらい] Oh, Jackie? [反意] I don't know about that. [理由] You know, she is still a part-timer, and the file is really confidential.

Brie： Well, I don't think I can complete it by this Friday without help.

Rob： Actually, [代案] I have a little free time tomorrow, so I can take a look at it for you.

Brie： That'll be great. Thanks, Rob.

ブリー： こんにちは、ロブ。顧客リストの更新をジャッキーにやらせるのはどうかと考えていたのですが。
ロブ： え、ジャッキーに？ それはどうかな。ほら、彼女まだアルバイトだし、あのファイルは極秘だよ。
ブリー： うーん、助けが無いと金曜までに終わらせることができないと思うんです。
ロブ： 実は、明日は少し時間があるから、見てあげられるよ。
ブリー： それは助かります。ありがとうございます、ロブ。

間接的な言い方でも意図は十分伝わる

　ためらい表現として、ここではOh, Jackie?と、Brieが出した名前を反復する方法を採っています。こうした反復は相手の考えの確認を取ろうとする際によく使われます。反意を表す際には、仲の良い部下に対してでもI don't know about that.という間接的な言い方をしていますね。これで十分に反意は伝わりますし、それでも硬過ぎず、比較的率直な表現です。構成要素は[ためらい] [反意] [理由] [代案] まで全てが使われていて、話は良い展開で終わっています。

ここからは、会話にどのように「反対」の構成要素が組み込まれるのか、4つのサンプルケースを見ていきます。最初の2つは話題が軽いA、B、次の2つは話題の重いC、Dのケースです。

		人間関係	
		近	遠
話題	軽	A	B
	重	C	D

B 上司Bethに反対する（人間関係：遠）

MP3 126

Beth: Rob. Would you mind asking Jackie to update the client list?

Rob: ためらい Well, 反意 I don't think she should be the one responsible for that task. 理由 She is still a part-timer, and the file has a lot of really confidential material.

Beth: Yeah, you may be right. But everyone already has a lot of tasks to complete.

Rob: 代案 Actually, I have a little free time tomorrow, so I can handle it.

Beth: That'll be great. Thanks, Rob.

ベス　：ロブ。顧客リストの更新をジャッキーに頼んでもらえないかしら？
ロブ　：えーと、彼女がその業務を担当するべきとは思いませんが。彼女はまだバイトだし、あのファイルには多くの機密性の高い情報が入っていますので。
ベス　：ええ、そうかもしれない。でもみんな終わらせなきゃいけない仕事を既にたくさん抱えてるのよね。
ロブ　：実は、明日なら少し時間がありますので、対応できますよ。
ベス　：それは助かります。ありがとう、ロブ。

間接的な反意表現の代表、I don't think

　構成要素は部下に話す時と同じですが、相手が上司ということで、反意の表現がI don't know about that（それはどうかな）よりも多少かしこまった言い方になっています。She shouldn't be the one ... と言うと非常に強い主張になりますが、I don't think she should be the one ... と伝えることで、衝撃を和らげることができます。相手に配慮しながら反意を伝える代表的な形として、何度も練習して自然に使えるようになりましょう。

Case 2：ボランティア活動の時間をもっと増やす？　（話題：軽）

A 同僚Kathyに反対する（人間関係：近）　MP3 127

Kathy： Hey Mark. Why don't we spare more time for our volunteering activities? We should visit the nursing home more often as part of our CSR.

Mark： ためらい Well, 反意 I don't think we have enough time for that. 理由 As you know, Miki just left and I don't think we have enough people to handle everything.

Kathy： Yeah, I understand.

Mark： 代案 How about after we get someone new? Then maybe we can work it out.

キャシー ： ねえ、マーク。私たちもっとボランティア活動に時間を割いた方がいいんじゃないかしら。CSR（＝ Corporate Social Responsibility。企業の社会的責任）の一環として、あの養護施設をもっと頻繁に訪れた方がいいと思うの。

マーク ： うーん、われわれには十分にその時間があるとは思えないなあ。知っての通り、ミキがいなくなったばかりだし、全てに対応するだけの人員がいるとは思えないよ。

キャシー ： うん、分かったわ。

マーク ： 新しい人が入ってからにしたらどうかな？　そしたら何とかできるかもしれないよ。

親しい間柄でも配慮した表現を

構成要素は、典型的な ためらい 反意 理由 代案 の4つです。反意にも理由にもI don't thinkで始まる間接的な反意の形が使われており、親しい間柄でも角を立てずに反対しようという配慮がうかがえます。代案で使われているHow about ...?は、これまでにも何度も出てきた提案の表現の1つですね。Then maybe we can work it out.のようにmaybeを入れることで、代案も絶対ではないというニュアンスを加えています。

B 人事のCSR担当者 Mr. Miller に反対する（人間関係：遠）

MP3 128

Mr. Miller : Hi Maya. I thought it would be a good idea if your department could spend more time on volunteering activities. As you know, our company is promoting our CSR initiatives.
Maya : ためらい Well, 反意 I'm not sure if that is feasible. 理由 Someone recently left our team and we are a bit understaffed at the moment.
Mr. Miller : Oh, sorry. I wasn't aware of that.
Maya : 代案 After we hire a replacement for her, then maybe we can work something out.

ミラー氏 ：こんにちは、メイヤ。あなたの部門、ボランティア活動にもっと時間を使えたらいいなあと思っていたんです。ご存じの通り、わが社はCSRイニシアチブを推進していますし。
メイヤ ：うーん、実行できるかちょっと定かではないです。最近ある人がチームを離れて、今人員が足りていないのです。
ミラー氏 ：あら、すみません。気が付かなくて。
メイヤ ：彼女の後任を採用した後なら、どうにかできるかもしれません。

フォーマルな言い方で反意を伝える

相手が人事部のCSR担当者ということで、できるだけ角を立てずに反対をしたいところです。反意に使われているI'm not sure if ...（…かどうかは分からない）は、同僚に対して使われていたI don't think ...よりもさらに間接的な表現です。

相手との関係性を考慮し、feasible（実行可能な）、understaffed（人員不足の）、replacement（交替要員）など、ビジネスライクな硬い言葉を使っている点もポイントです。

Case 3：外部コンサルに社内サーバーへのアクセスを許す？（話題：重）

C 仲の良い上司 John に反対する（人間関係：近） MP3 129

John : Hey Lauren. Our consultants asked for permission to access our servers so that they can look at our project files. I was thinking of letting them.
Lauren : [ためらい] Yeah, [反意] but I don't really think that's a good idea. [理由] It's a big security risk to allow any third party to look at sensitive data on our servers.
John : Hmm, I do see your point there.
Lauren : How about this? [代案] We can work on a secure website that gives them limited access to only what they need.
John : OK, sounds good. Let me discuss it with them.

ジョン ：やあ、ローレン。われわれのコンサルタントが、プロジェクトファイルにアクセスできるように社内サーバーに入る許可を求めてきたんだ。許可しようと考えてたんだけど。
ローレン：そうですね、でも、それはあまりいい考えとは思いません。第三者に社内サーバーにある慎重に扱うべきデータを見られるようにすることは、大きなセキュリティー上のリスクです。
ジョン ：うーん、確かに君の言っていることは分かるよ。
ローレン：こうしたらどうでしょう？　彼らが必要なものだけにアクセスできる安全なウェブサイトを作ることはできます。
ジョン ：それはいいね。彼らと話してみるよ。

部分的に同意して即座に打ち消す Yeah, but ...

　仲の良い上司に対しての反対です。全般的に率直な表現が使われている印象（How about this? など）ですが、話題が重いだけに慎重さもうかがえます。ためらい表現には Yeah, but ...（そうですね、でも…）が使われています。一瞬部分的に同意してすぐに but で打ち消す言い方です。反意については、内心では That's a really bad idea!（それはひどい考えだ！）と感じているかもしれないところを、ぐっと抑えて相手へ配慮を示す I don't really think that's a good idea. が使われています。こうした言葉選びの一つ一つが、相手との良好な関係維持につながります。

D 社長のMr. Dorrに反対する（人間関係：遠）

Mr. Dorr : Hey Lauren. I was thinking of letting our consultants access our servers so that you guys can work more efficiently together.
Lauren : ためらい Well, 反意 I'm not really keen on doing that. 理由 It's just that giving third parties that kind of access would be a major security risk.
Mr. Dorr : Well, what are the alternatives?
Lauren : 代案 I think creating a secure website that gives them limited access to only what they need might be a better idea.
Mr. Dorr : Well, whatever you think is best.

ドール氏 ： やあ、ローレン。われわれのコンサルタントに社内サーバーにアクセスしてもらって、君たちがもっと効率良く一緒に働けるようにするのはどうかと考えていたんだけど。
ローレン ： うーん、それにはあまり乗り気になれません。第三者にそのようなアクセスを与えることは重大なセキュリティーリスクになるのではないかと。
ドール氏 ： うーん、どんな代案がある？
ローレン ： 思いますに、彼らが必要なものだけ限定的にアクセスできる安全なウェブサイトを作るというのがいい案かもしれません。
ドール氏 ： うん、君が考えることならベストだ。

主張を控えめにするためのさまざまな工夫

　深刻な話題、しかも相手が社長であるという状況です。全構成要素で、かなり相手に配慮した表現が使われています。I'm not really keen on ...（…にはあまり乗り気ではない）は、really keen on ...（…にとても乗り気である）を打ち消す部分否定で、間接的に反意を伝えていることがうかがえます。理由や代案にも助動詞をうまく取り入れて、控えめな主張にしています (would be a major security risk / .... might be a better idea)。

Case 4：新製品の広告費、その予算では厳しいです （話題：重）

C 同僚のMikeに反対する（人間関係：近） MP3 131

Mike : Hey Fran. Do you think 10 million yen is a good amount to spend on the new product advertisement?
Fran : [ためらい] Umm, [反意] I don't think that will be enough. [理由] You know, we have a few celebrities that we hired for our commercials.
Mike : Yeah, but we don't have enough money in our budget for that.
Fran : Oh, didn't you hear? [代案] Our advertising budget was just recently increased, so don't worry. We have plenty of funds for what we want to do.
Mike : Awesome. I'll go back and rework the numbers then.

マイク ： やあ、フラン。新製品の広告に使う費用、1,000万円は十分な金額だと思う？
フラン ： うーん、それで足りるとは思えないわ。ほら、コマーシャルのために有名人も何人か採用したし。
マイク ： うん、でもわれわれにはそんなに予算が無いんだよね。
フラン ： あれ、聞いてない？　われわれの広告予算、つい最近増額されたの。だから心配は要らないわ。やりたいことをやるための資金は十分にあるのよ。
マイク ： 最高だね。じゃあ戻って数字を再度算出してみるよ。

ビジネスでよくあるシーン

　仲が良い同僚同士ということで、テンポの良いカジュアルな表現も聞かれます（Oh didn't you hear?、Don't worry.など）。そのような中でも反意の表現にはやはり相手への配慮がうかがえます。disagreeなどの言葉は当然ながら聞かれず、ためらいの後、I don't think that will be enough.が使われます。ここまで何度か〈I don't think ...〉の形の反意表現が出てきているので、そろそろ皆さんも使い方に慣れてきたのではないでしょうか。

D 上司のMs. Leeに反対する（人間関係：遠） MP3 132

Ms. Lee : I was working on the budget for the new product advertisement and I was thinking of spending 10 million yen on it. Do you think that's a good amount?

Will : [ためらい] Umm, [反意] I'm not so sure if that will cover all of our costs. [理由] We have a few celebrities that will be appearing in our commercials.

Ms. Lee : Yeah, but I don't think we can spend more than that.

Will : [代案] Actually our advertising budget was just recently increased, so maybe we can spend a little more.

Ms. Lee : Oh, I wasn't aware of that. I guess we can increase our spending then.

リーさん ： 新製品の広告の予算を検討していて、1,000万円くらいを考えていたの。十分な額だと思う？
ウィル ： ええっと、それでは費用を全て賄えるかちょっと分かりません。コマーシャルに出てもらう有名人も何人かいますし。
リーさん ： うん、でもそれ以上は払えないと思うの。
ウィル ： 実は、われわれの広告予算はつい最近増額されたので、おそらくもう少し使えると思うのですが。
リーさん ： あら、それには気付かなかったわ。ではもう少し出費を増やせそうね。

部下の体面を保つ上司の言い方にも注目

　立場が上である上司を立てて、反意の表現は、I don't think ... よりもさらに控えめなI'm not sure if ... が使われています。
　Willの発言に対する、Ms. Leeの反応にも目を向けてみましょう。Yeah, but（うん、でも）とためらいで始まり、I don't think we can spend ... と、彼女も、相手を配慮した反意の伝え方をしているのがお分かりになると思います。このような職場の上司と部下の間での建設的な反対意見の交換は参考になりますね。

実戦トレーニング

MP3 133 〜 MP3 136

それぞれのケースについて、自分なら何と言うか考えてしゃべってみましょう。あなたのセリフの内容は、アイコンで指定されている要素を満たすようにすること。（解答例は p. 202。MP3ファイルには解答例の音声が収録されています）

Case 1：ランチミーティング、その店でやるのはちょっと…

同僚のTabathaが、取引先のYaan銀行の人たちとの次回のランチミーティングの場所として、新しい中華料理のお店を勧めてきました。その場所はミーティングにはカジュアルで混雑し過ぎているため、あなたは賛同できません。うまく反対して、代わりにお薦めのフランス料理店を推してみましょう。

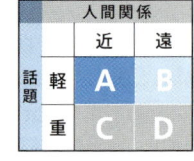

	人間関係 近	人間関係 遠
話題 軽	A	B
話題 重	C	D

Tabatha : Hey Artie. Let's go to the new Chinese place for our next lunch meeting with the people from Yaan Bank.
　　ねえ、アーティ。今度のYaan銀行の人たちとのランチミーティング、新しい中華のお店に行きましょうよ。

You : 　ためらい　＋　理由

Tabatha : Yeah, I guess it could be a bit too noisy for us.
　　うん、確かにわれわれにはちょっとうるさ過ぎるかもしれないわね。

You : 　代案

Tabatha : Sounds like a plan!
　　いい考えね！

ここまで、たくさんのケースを見てきましたが、「人間関係」と「話題」に応じた反対表現の使い分けをイメージできましたか？ 最後に、実践の場を意識した応用練習をしてみましょう。

Case 2：そのデザイン、昨年のものとカブっています

あなたの会社ではタブレット用のアクセサリー（周辺小物）を生産販売しています。デザインを委託している提携会社（人間関係）から出されたデザインが昨年のものと似ていたため、あなたは承認できません。今年はよりエッジの効いたものを出してほしいので、参考となるイメージ案を送る予定です。

	人間関係	
話題	近	遠
軽	A	B
重	C	D

Mr. Lyon ： Hello Ms. Tani. I was wondering if you'd had a chance to take a look at the designs of our new tablet accessories yet.

こんにちは、タニさん。われわれの新しいタブレット用アクセサリーのデザインをもう見ていただけましたでしょうか。

You ： [見た旨の返事] ＋ [ためらい] ＋ [反意]

Mr. Lyon ： Oh, I didn't know that you wanted to change the designs drastically.

え、デザインを大幅に変えたいというご希望を知りませんでした。

You ： [理由] ＋ [代案]

実戦トレーニング

Case 3：新システムへの切り替え、待ってください

あなたは、知り合いでもあるIT部門のJamesから連絡を受けます。来月、新しい在庫管理システムの導入を考えているという話です。来月は受注が1年で最も多い月なので、新システムに切り替える時期としては良くありません。Jamesに理由と代案を示しながら反対してください。

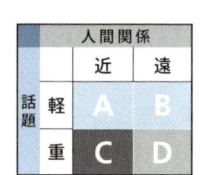

	人間関係	
話題	近	遠
軽	A	B
重	C	D

James : Hey Megumi. We're considering installing a new inventory management system next month to keep track of our stock more efficiently.

やあ、メグミ。来月、在庫の追跡をより効率化するために新しい在庫管理システムを導入しようと考えているんです。

You : 　[ためらい] ＋ [理由] ＋ [反意]

James : Oh, sorry, I hadn't thought of that.

あ、ごめんなさい、それは考えていませんでした。

You : 　[代案]

Case 4：ケースの素材にメタルは向いていません

あなたの上司は最近就任したばかりの人で、あなたに自社製品であるタブレットケースの素材について相談してきました。その上司は頑丈さを求める顧客の要望を知り、メタルはどうかと言っています。メタルは輸送するのに重過ぎて付帯コストがかかることを理由に反対してください。また代案として、丈夫かつメタルの半分の重さのファイバーグラスを薦めましょう。

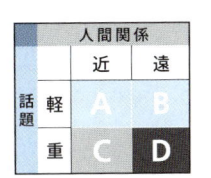

	人間関係	
話題	近	遠
軽	A	B
重	C	D

Susan : Hey Keita. We have to decide which materials to use for our tablet cases and I was leaning towards metal because of its sturdiness.

> ねえ、ケイタ。タブレットケースに使う素材を決めないといけないんだけど、丈夫さからわれわれはメタルに傾いていたの。

You : [ためらい] ＋ [反意] ＋ [理由]

Susan : Yes, but our customers want stronger cases to protect their expensive tablets.

> そうね、でもわれわれの顧客は高価なタブレットを守るためのよりしっかりしたケースを欲しがっているから。

You : [代案] ＋ [理由]

Susan : Hmm, that sounds like an interesting alternative. Do you think you could write this up in an email and send it to our manufacturing department?

> うーん、それは興味深い代案ですね。そのことをメールに書いて製造部に送ってもらうことはできる？

解答例

確認問題（p.188）

1. ①ためらい　②反意　③理由　④代案

2. ① not、sure about that　② afraid、can't agree
   ③ don't think、the best person　④ see your point、not always the case
   ⑤ The thing、already under pressure、cut costs　⑥ How about

3. ① Well　② I'm not sure if that's the best option
   ③ The text might be a little bit difficult to read　④ How about light blue

実戦トレーニング（p.198）

Case 1

Tabatha : Hey Artie. Let's go to the new Chinese place for our next lunch meeting with the people from Yaan Bank.
You　　 : [ためらい] Umm, [理由] don't you think that's a little too casual and crowded for that meeting?
Tabatha : Yeah, I guess it could be a bit too noisy for us.
You　　 : [代案] Well, I know a great quiet French restaurant down the street. So, let's try that out instead.
Tabatha : Sounds like a plan!

タバサ　：ねえ、アーティ。今度のYaan銀行の人たちとのランチミーティング、新しい中華のお店に行きましょうよ。
あなた　：うーん、あそこは、ミーティングにはちょっとカジュアルで混雑し過ぎだと思わない？
タバサ　：うん、確かにわれわれにはちょっとうるさ過ぎるかもしれないわね。
あなた　：えっと、通りを行ったところにすてきで静かなフランス料理店を知ってるよ。代わりにそこを試してみよう。
タバサ　：いい考えね！

［解説］ためらいの後、反意の表現はスキップし、Don't you think ...?（…と思わない？）で始まる理由が続いています。Don't you think ...? には相手に同意を求めるニュアンスが含まれるので、あまり遠慮の要らない状況ではよく使われます。

Case 2 MP3 134

Mr. Lyon : Hello Ms. Tani. I was wondering if you'd had a chance to take a look at the designs of our new tablet accessories yet.
You : 見た旨の返事 Yeah, I took a look at them yesterday. And for the most part, they look good. ためらい But actually, 反意 I think they are a little too similar to last year's designs.
Mr. Lyon : Oh, I didn't know that you wanted to change the designs drastically.
You : 理由 Yeah, we were just looking for something a bit edgier for this year. 代案 If you need some ideas, I can send a few images from our design department.

ライアン氏 : こんにちは、タニさん。われわれの新しいタブレット用アクセサリーのデザインをもう見ていただけましたでしょうか。
あなた : はい、昨日見てみました。で、ほとんどの部分がいいと思います。ただ実は、昨年のデザインとちょっと似過ぎているように思うんです。
ライアン氏 : え、デザインを大幅に変えたいというご希望を知りませんでした。
あなた : はい、今年は少しエッジがあるものを探していまして。もし何かアイデアが必要でしたら、デザイン部門からいくつかイメージ案をお送りできますよ。

[解説] 外部の提携会社の担当者向けということで、緩和表現があちこちにちりばめられ、衝撃を減らしたソフトな言葉遣いになっています。例えば反意の表現にはI thinkが前につき、さらにtoo similarの前にもa littleを付けて柔らかな表現にしています。理由の表現にもjust、a bitなどが加えられていますね。

Case 3 MP3 135

James : Hey Megumi. We're considering installing a new inventory management system next month to keep track of our stock more efficiently.
You : ためらい Actually, 理由 next month is the time when we get the most orders for the year. 反意 I don't think it'll be a good idea to have our system down at that time.
James : Oh, sorry, I hadn't thought of that.
You : That's OK. 代案 But why don't we wait until after the busy season? We can install the system then.

解答例

ジェームズ：やあ、メグミ。来月、在庫の追跡をより効率化するために新しい在庫管理システムを導入しようと考えているんです。
あなた　　：実は、来月は1年で最も注文が多い月なんです。そんな時期にシステムを下ろしてしまうのは良い考えではないと思います。
ジェームズ：あ、ごめんなさい、それは考えていませんでした。
あなた　　：いいんですよ。でも繁忙期が終わるまで待つのはどうでしょう？　それからなら、そのシステムを導入できます。

[解説] 重要な話題であり、反対もロジカルにしっかり伝えたい状況です。ここでは 理由 → 反意 の順になっていますが、かなり具体的に理由を述べることで反対の正当性を示しています。代案には相手が近しい間柄であることも反映して、why don't we ...?（…したらどうでしょう？）という比較的率直な提案表現が使われています。

Case 4　MP3 136

Susan : Hey Keita. We have to decide which materials to use for our tablet cases and I was leaning towards metal because of its sturdiness.
You : ためらい Well, 反意+理由 my concern is that it might be too heavy to ship and thus add to our overhead cost.
Susan : Yes, but our customers want stronger cases to protect their expensive tablets.
You : So, 代案 I have an idea. How about using fiberglass instead? 理由 It is just as tough as metal, but at half the weight.
Susan : Hmm, that sounds like an interesting alternative. Do you think you could write this up in an email and send it to our manufacturing department?

スーザン：ねえ、ケイタ。タブレットケースに使う素材を決めないといけないんだけど、丈夫さからわれわれはメタルに傾いていたの。
あなた　：うーん、私の懸念は、メタルは運ぶのに重過ぎて、付帯コストがかさんでしまうのではないかという点です。
スーザン：そうね、でもわれわれの顧客は高価なタブレットを守るためのよりしっかりしたケースを欲しがっているから。
あなた　：でしたら、考えがあります。代わりにファイバーグラスはいかがでしょうか？　メタルと同じくらい頑丈でありながら、重さは半分です。
スーザン：うーん、それは興味深い代案ですね。そのことをメールに書いて製造部に送ってもらうことはできる？

[解説] 新しく就任した上司の意見に反対するのはたやすいことではありませんね。信頼関係もまだ構築しきれておらず、話題も重要なことであれば、面子をつぶさないように言葉選びは慎重になります。ここでは、4つの構成要素に加えて、一時的に相手を肯定して打ち消す工夫（Yes, but ...）も織り交ぜられています。

第7章 反対

おわりに

さて、この本を読み終わっていかがでしたか。ビジネスで頻出する7つの言語行為の伝え方のルール、そして、状況に応じた丁寧表現の使い分けについても理解を深めることができたのではないでしょうか。周りの人が話している英語のこれまで気が付かなかった点に意識が向き始めたかもしれません。またご自身が話す際も、相手との関係性や話題に応じて、より効果的な表現選びができるようになってきているのではないでしょうか。

これから先、対応が難しい状況に直面して「こんな時は英語で相手にどうやって伝えるのが適切だろう」と思ったら、いつでもまたこの本を開いてください。該当する言語行為の構成要素や適切な丁寧表現をおさらいするだけでも大きな助けになってくれるはずです。

本書執筆に当たり、企画から編集まで多大なる協力をいただいた株式会社アルクの牛山泰崇さんに、心より感謝申し上げます。また、コロンビア大学院在学中に、両著者の語用論的指導の原点となった石原紀子先生（現・法政大学准教授）への師事がなければ、この本が生まれることはなかったと思います。世界に羽ばたく日本代表を育てようと、共に設立したビジネス英語の研修会社Q-Leapの代表を務める浅場眞紀子さんには、執筆中もたくさんのエールを送っていただきました。最後に、いつも最大の理解者であり、サポーターである両親と夫の悠介に、感謝を込めてこの本を贈ります。

愛場吉子

It is our hope that by reading this book you have gained a greater understanding of English in a business environment. In the English language, grammar is often considered the body, but pragmatics is certainly the soul. Having this knowledge will show native English speakers that you not only have a technical mastery of their language, but also a deeper appreciation of the pragmatic nuances as well. This will allow you to win over corporate partners and clients, and make a lasting impression in the business world.

It is also with great pride that I give my heartfelt thanks to my lovely wife Yukino, for her steady support while writing this book. Thank you so much Yukino for reading my drafts over and over again. I am sure you now know enough business English to start your own international company.

And finally, thanks to my bouncing six-month-old son Sean. His almost unlimited positive energy helped lift my spirits on days when I felt less than motivated. I can't wait until you are old enough to read this book.

Arthur Nguyen

愛場 吉子（あいば・よしこ）
コロンビア大学大学院にてTESOL（英語教授法）の修士号を取得。アルクの企業研修英語講師、スピーキングテストの試験官、評価官を経て、2011年よりCalvin Klein ニューヨーク本社のライセンスビジネス事業部にて勤務。'14年春に帰国し、ビジネス英語研修会社Q-Leapを共同設立。ビジネス経験と英語教授のスキルを生かし、企業のエグゼクティブ、ビジネスパーソン向け英語指導に従事。中央大学ビジネススクール客員教授。TOEIC 990点満点。著書に『英語のプレゼン直前5日間の技術』（アルク 刊）がある。
Q-Leapウェブサイト：http://q-leap.co.jp/

Arthur Nguyen（アーサー・ウィン）
米国ペンシルバニア州出身。コロンビア大学大学院にてTESOL（英語教授法）の修士号を取得後、現在は神田外語大学にて教壇に立つ。アメリカでは銀行のデータベース管理部門にて勤務。来日後は7年にわたってビジネス英語指導にも携わっている。Second Language Assessment（第二言語能力評価）やPragmatics（語用論）、またビジネス英語に関心を持ち、毎年国内外の学会での研究発表多数。TOEIC990点満点。

相手を必ず味方につける英会話のロジック

発　行　日	：2015年7月7日（初版）
著　　　者	：愛場吉子、アーサー・ウィン
編　　　集	：英語出版編集部

校　　　正	：渡邉真理子、Peter Branscombe、Margaret Stalker
AD・デザイン	：早坂美香（TASK）
イ ラ ス ト	：平井きわ
ナレーション	：Peter von Gomm、Carolyn Miller
録音・編集	：一般財団法人 英語教育協議会（ELEC）
ＣＤプレス	：株式会社学研教育アイ・シー・ティー
Ｄ Ｔ Ｐ	：株式会社創樹
印刷・製本	：図書印刷株式会社

発行人：平本照麿
発行所：株式会社アルク
〒168-8611　東京都杉並区永福2-54-12
TEL：03-3327-1101　FAX：03-3327-1300
Email：csss@alc.co.jp　Website：http://www.alc.co.jp

地球人ネットワークを創る

アルクのシンボル
「地球人マーク」です。

落丁本、乱丁本は弊社にてお取り替えいたしております。
アルクお客様センター（電話：03-3327-1101 受付時間：平日9時～17時）までご相談ください。
本書の全部または一部の無断転載を禁じます。
著作権法上で認められた場合を除いて、本書からのコピーを禁じます。定価はカバーに表示してあります。

©2015 Yoshiko Aiba / Arthur Nguyen / ALC PRESS INC.
Kiwa Hirai
Printed in Japan.　PC:7015048　ISBN:978-4-7574-2643-6